CH. BRAINNE

BAIGNEUSES

BUVEURS D'EAU

PARIS
LIBRAIRIE NOUVELLE
BOULEVARD DES ITALIENS, 15

DENTU
Galerie d'Orléans, Palais-Royal

AMYOT
Rue de la Paix, n. 8

1860

BAIGNEUSES ET BUVEURS D'EAU.

BAIGNEUSES

ET

BUVEURS D'EAU

PAR

CH. BRAINNE.

Procul negotiis.
HORACE.

PARIS,

LIBRAIRIE NOUVELLE,

BOULEVARD DES ITALIENS, 15, EN FACE DE LA MAISON DORÉE.

DENTU,
Galerie d'Orléans, Palais-Royal.

AMYOT,
Rue de la Paix, nº 8.

—

1860.

A MONSIEUR LE COMTE FRÉDÉRIC DE LAGRANGE,

DÉPUTÉ AU CORPS LÉGISLATIF,

Membre du Jockey-Club et de la Société d'Encouragement des Courses.

MONSIEUR LE COMTE,

Vous êtes, en France, un des représentants de cette société élégante et choisie, qui assure à notre pays une sorte de suprématie dans les nobles loisirs de la paix aussi bien que dans les labeurs glorieux de la guerre. Le Jockey-Club, cette académie du sport, tient en haleine et conserve par de vaillants exercices la vigueur du corps et la trempe de l'esprit. Il préserve les jeunes générations des plaisirs énervants et de cet amollissement fatal aux aristocraties.

La Villégiature est sœur du Sport. L'une occupe le loisir, l'autre délasse du travail. Tandis que les populations des campagnes s'accumulent dans les villes, la villégiature, par un heureux contrepoids, ramène les habitants des villes à l'existence plus calme des champs, aux travaux de l'agriculture, aux distractions de la vie des eaux.

Ces maximes sont les vôtres. Permettez-moi donc, Monsieur le Comte, à titre de compatriote, de vous offrir respectueusement la dédicace de ce livre, et d'excuser la frivolité du titre, en le plaçant sous votre patronage.

CH. BRAINNE.

Paris, le 1er mai 1860.

AVANT-PROPOS.

Tous les ans, au printemps nouveau, les femmes du monde (et du demi-monde) éprouvent un vague malaise. Elles ont tant fait de toilette, tant dansé pendant l'hiver, qu'il faut bien s'habiller et danser encore pendant l'été. Il y a d'aimables créatures ainsi faites, qui babillent et sautillent toute l'année; grillons l'hiver, cigales l'été.

Pour guérir ce mal joli on a recours à certains docteurs qui s'intitulent médecins des eaux.

Ce n'est pas une faculté à part, brouillée avec le codex : tous les docteurs se font à l'occasion médecins des eaux, pour être agréables à leur clientèle.

Il n'est besoin pour cela ni de nouveaux diplômes, ni d'études spéciales : il suffit d'être un homme du monde ou un homme d'esprit et de savoir ordonner aux gens ce qu'ils désirent.

Madame a envie d'aller à Aix en Savoie? On la consulte pour une métrorrhagie passive. Préfère-t-elle une saison aux Pyrénées? En bien l'auscultant, il ne sera pas difficile de constater, à la suite d'une bronchite, la présence d'un emphysème. S'est-on donné rendez-vous l'année précédente aux fontaines de Spa? Le docteur, avec un peu de tact, saura bien vite diagnostiquer une chlorose.

Si les femmes et les filles qui vont aux eaux avaient réellement toutes les maladies qu'on leur prête, au lieu d'être un séjour enchanteur, les thermes les plus à la mode seraient de véritables hôpitaux offrant le plus décourageant tableau des infirmités humaines.

La confiance où l'on est qu'il n'y a aux eaux que des gens bien portants, sert beaucoup les vrais malades. La coquetterie féminine y trouve son compte. Les médecins des eaux excellent aussi à sauver les apparences, en inventant, à côté des maladies réelles, des maux de fantaisie, très-bien portés dans le monde et qui deviennent quelquefois à la mode. Les vapeurs ne datent que du siècle dernier; elles ont fait place aux migraines, qui, elles-mêmes, menacent d'être détrônées par une maladie nouvelle, la dernière échappée de la boîte de Pandore, et que les médecins appellent l'anémie du cœur.

Les remèdes comme les maux ont leur vogue, et Corvisart disait en plaisantant : « Il faut se hâter de profiter du remède, pendant qu'il guérit. »

Cette boutade spirituelle peut surtout s'appliquer aux eaux minérales et thermales.

Forges a été longtemps à la mode, à la suite d'une cure inespérée d'Anne d'Autriche, qui, après y avoir fait une saison avec le roi Louis XIII et le cardinal de Richelieu, mit au monde le jeune Louis XIV. Mme de Sévigné, qui s'est trompée pour le café, a prédit à bon droit le succès des eaux de Vichy; Boileau, en chantant les naïades de Bourbon l'Archambault, fixa un moment sur elles la vogue capricieuse qui depuis les a abandonnées.

Les bains de mer ont passé dans un temps pour guérir de la rage, et cette croyance populaire a fourni à La Fontaine le sujet d'un de ses contes les plus égrillards.

Pope demandait un jour à une jeune et jolie baigneuse pourquoi elle prenait les eaux :

— Par pure fantaisie, dit-elle.

— Eh bien! reprit malicieusement le poëte, vous ont-elles guérie?

Pour qu'une source minérale ou thermale soit à la mode, il faut qu'elle ne se trouve pas dans le voisinage de Paris ou d'une grande capitale. Ainsi les sources ferrugineuses de Passy et les eaux sulfureuses d'Enghien, quoique très-efficaces, ne seront jamais très-suivies. Le Pouhon de Spa, cette mine de santé, coûlerait sur la place Vendôme, qu'on lui dénierait toute vertu bienfaisante.

La première qualité d'une eau qui se respecte, c'est de couler dans un lieu solitaire, dans un vallon des Vosges ou dans une gorge des Pyrénées. On a eu la pensée de créer dans le bois de Boulogne, près du Pré-Catelan, des thermes modèles et une Trinkhalle européenne, où l'on aurait pu, sans quitter Paris, prendre tous les bains et boire toutes les eaux minérales possibles. Jamais ce projet n'eût réussi. Les baigneuses et les buveurs d'eau veulent aller au-devant du remède, et plus le remède est éloigné, plus on y a foi. *Major è longinquo reverentia.*

Pour échapper à la responsabilité immédiate de la cure, les médecins des eaux ont imaginé d'un commun accord l'axiome thérapeutique suivant :

« L'effet des eaux ne se fait pas sentir pendant le traitement, mais plusieurs mois après et principalement pendant l'hiver. » De cette manière, ils bénéficient des cas de guérison que ce grand médecin qu'on appelle la nature peut amener fortuitement dans l'espace de quelques mois.

Si l'état du malade empire, on invoque les imprudences commises, les excès de table, les fatigues du bal, et l'on renvoie les délinquants aux mêmes bains, car il est un autre axiome, non moins généralement admis, qui veut que les eaux les plus efficaces n'agissent que graduellement et ne produisent leur entier effet qu'après plusieurs saisons consécutives.

Plusieurs médecins de Paris, jaloux de leur clientèle, suivent aux eaux leurs meilleurs malades afin de ne pas les perdre.

Ceux qui ne peuvent se déplacer recommandent leurs bons clients à des correspondants médicaux qui s'engagent à ne pas les leur enlever, et à les restituer, guéris ou non, à leur souverain maître et légitime docteur.

D'autres ont des actions plus ou moins libérées de certains établissements très-recommandables et encore plus recommandés.

Tous écrivent des ouvrages spéciaux, des monographies médicales sur la vertu thérapeutique et curative des eaux et des bains de mer.

Chacun prêche pour son bain.

Il est rare que les médecins des eaux ne se détestent pas entre eux, selon la formule proverbiale : *Iracundia medicorum pessima.* La petite faculté de Vichy a offert pendant longtemps le spectacle d'une rivalité qui n'était pas toujours édifiante pour le corps médical. Hippocrate disait oui ; Gallien disait non. La même piscine, la même coupe, à les entendre, renfermaient des principes contraires ; l'un disait : C'est la santé ; l'autre : C'est la mort. Alternative peu rassurante pour les pauvres malades.

En résumé, aucun docteur ès eaux n'est de l'avis de ses confrères, mais tous sont d'accord sur la fameuse formule hydrothérapique :

« Croyez et buvez de l'eau. »

APHORISME. — On ne paie jamais la consultation du médecin qui vous envoie à Bade ou à Spa. C'est une politesse que vous fait le docteur, car la saison des eaux, ce sont les vacances de la médecine.

. . . .

Le malade a son ordonnance, le touriste son passe-port. Vous croyez peut-être que chacun va se rendre à sa destination? Allons donc! vous avez compté sans le caprice, qui est plus fort que la maladie. Un mois avant la saison des eaux, on se concerte avec ses amis et ses connaissances ; on se groupe ; on forme de petites colonnes d'émigrants.

— Où allez-vous, cette année?

— A Ems.

— Ah! mon Dieu! et mon docteur qui m'envoie aux Eaux-Bonnes!

— Venez à Ems, c'est absolument la même chose, pour le traitement.

— Venez plutôt aux Pyrénées : c'est plus pittoresque.

— Il faudrait au moins consulter le docteur...

— A quoi bon? venez toujours : il ne manque pas de médecins là-bas, et ils trouveront bien le remède à votre mal. Allons, c'est entendu, nous partons la semaine prochaine.

Et voilà comme, au moment du départ, l'itinéraire est toujours complétement changé. Les hirondelles au moins savent leur route ; mais quand l'essaim des baigneurs prend sa volée, aux quatre coins de la rose des eaux, c'est un pêle-mêle à ne plus s'y reconnaître ; on permute avec les uns, on fusionne avec les autres : les laryngites du mont d'Or frayent avec les pâles couleurs de Forges, et les femmes stériles qu'on envoyait à Plombières, vont se traiter à Baden-Baden.

Il y a cependant de vrais malades aux eaux, et ceux-là sont toujours arrivés les premiers. Pauvres gens! la douleur les presse de courir au-devant du remède ; et puis il fait moins cher à vivre au commencement de la saison. Ils se hâtent de faire leur *cure* avant que le beau monde n'arrive. Ils essaient les eaux des piscines, ils essuient les plâtres des hôtels. L'aspect des villes de bains au moment de l'ouverture, ainsi qu'à l'arrière-saison, ne ressemble en rien à la physionomie qu'elles offrent ensuite pendant les beaux jours. C'est la même différence qu'entre l'hôtel des Invalides et le palais des Tuileries.

Les malades, les pauvres surtout, méritent cependant bien qu'on s'occupe d'eux. Un illustre médecin, Boërhaave, disait : « Les pauvres sont nos meilleurs clients, puisque c'est Dieu qui se charge du paiement des honoraires. » Que de fois en voyant, dès le mois d'avril, de malheureux éclopés se traîner sur leurs béquilles jusqu'aux sources les plus proches, et grelotter de froid au sortir des piscines communes, j'ai fait cette réflexion! Nos établissements thermaux devraient être plus accessibles aux indigents. L'administration, si charitable dans les hôpitaux des grandes villes, devrait élever les thermes à la hauteur d'une institution hospitalière, et faire que les pauvres malades pussent tous se baigner, comme le paralytique de l'Evangile, dans la piscine de Siloé.

« La vie des eaux, me disait un baigneur humoriste, est une des conquêtes de 89. » Et, comme je souriais de cette phrase paradoxale, il ajouta :

« Sous l'ancien régime, la noblesse menait la vie de château. On passait la belle saison dans ses terres, au milieu d'un nombreux personnel de vassaux, de serviteurs, de chevaux, de meutes, etc.; on y donnait des fêtes, on s'y ruinait en grand seigneur.

« Le tiers-état fit de la villégiature bourgeoise. Au château succéda la maison de campagne. Après les orages de la révolution, après les batailles de l'Empire, on aspirait aux douceurs du repos; on émigra vers les champs : la France se couvrit de villas, de bastides, de chalets, où l'on chantait *sous la treille* les refrains de Béranger.

« Mais la maison de campagne avait aussi ses inconvénients, surtout aux environs de Paris et des grandes villes. Elle était, le dimanche, le rendez-vous des parasites qui venaient dîner *à la fortune du pot*. On n'était plus chez soi. Il fallut déserter et chercher ailleurs un refuge pour échapper à l'importunité des fâcheux et aux servitudes de la propriété rurale. »

Les chemins de fer, en rapprochant les distances, ont changé les conditions de la villégiature. On va aujourd'hui aux eaux et aux bains de mer comme on allait autrefois à Montmorency et à Fontainebleau. Plus de souci, plus d'embarras : on s'installe à l'hôtel ou dans un appartement garni, et l'on vit à sa guise pendant quelques semaines. C'est ce qui s'appelle faire une saison.

La saison dure plus ou moins, suivant l'ordonnance du docteur ou le caprice du malade. Elle est ordinairement de vingt jours pour les baigneurs; mais elle dure plus longtemps pour les buveurs d'eau. Quant aux touristes, ils en prennent à leur aise et ne sont nullement astreints aux règles du calendrier thermal.

La vie des eaux n'est pas seulement une distraction, c'est un besoin pour la génération actuelle. Absorbée par les intérêts, rongée par les soucis, elle contracte dans la bataille des affaires ou dans le travail du cabinet des maux inconnus à nos ancêtres, qui menaient une existence plus active et moins agitée. Les maux d'estomac, les maladies du cœur, les affections nerveuses, beaucoup d'autres encore sont une conséquence de nos travaux ou de nos plaisirs forcés, et ne trouvent guère de remède que dans le loisir momentané et les paisibles distractions.

Il y a encore une foule de préjugés sur la vie des eaux. On est assez disposé à croire que c'est une série d'amusements perpétuels, un carnaval d'été, où l'on même l'existence à grandes guides : c'est tout le contraire. A part les viveurs excentriques, qui n'ont jamais assez de fenêtres par où jeter leur argent, et les joueurs obstinés, qui se ruinent toujours, les baigneuses et les buveurs d'eau sont généralement des gens simples et paisibles qui se préoccupent avant tout de leur santé ou de leur repos. Aux eaux, l'on vit ordinairement en famille ; et l'absence d'étiquètte ne dispense pas des devoirs de société, des règles de la bonne compagnie.

Loin de se ruiner, aux eaux, on y va le plus souvent par économie, pour échapper à ce ver rongeur qu'on appelle un train de maison. La vie est devenue si chère à Paris, qu'on est obligé de fuir et de compenser, s'il se peut, pendant l'été les grosses dépenses de l'hiver. Que de familles ont recours à cette retraite honorable, qui sauve les apparences au yeux du monde, et rétablit l'équilibre de leur budget !

Un autre préjugé, c'est de croire que les bains à la mode sont au grand monde ce que sont les coulisses au théâtre, un lieu d'intrigues et de bonnes fortunes. A chaque saison, un certain nombre de *gandins* et de béjaunes viennent se fourvoyer dans ce foyer de la vie élégante, et prennent prétexte de leur séjour à Bade ou à Vichy pour se donner des airs conquérants. Il y a des intrigues aux eaux, comme partout, mais il y en a moins peut-être qu'ailleurs. On vit trop en dehors pour oser compter sur le mystère et la discrétion. Les hôtels sont percés à jour, comme la maison de verre que souhaitait un sage de l'antiquité. Les appartements sont séparés par des cloisons si minces que l'on s'entend dormir d'un étage à l'autre. Allez donc roucouler dans ces colombiers cellulaires où chaque soupir a son écho!

Le roman des eaux, s'il existe, ne ressemble pas aux scènes plus ou moins réalistes de nos feuilletons en vogue. L'héroïne classique du bain, c'est la chaste Suzanne. A Nice, à Bade, à Ems, à Spa, l'on rencontre plus de Charlottes préparant bourgeoisement les tartines de pain au beurre que de Clarisses en quête d'aventures romanesques.

Sous ce titre de fantaisie, *Baigneuses et Buveurs d'eau*, l'auteur n'a pas entendu faire un roman : encore moins a-t-il songé à composer un traité pratique sur les eaux minérales et thermales. Ces utiles ouvrages se comptent par centaines; chaque établissement de bains a son guide spécial, son manuel thérapeutique.

Les monographies des thermes les plus fréquentés d'Europe, qui composent ce recueil, ne sont que des souvenirs de touriste. Elles ont été écrites sur les lieux mêmes; quelques-unes ont déjà paru en articles dans la *Presse*, dans le *Constitutionnel*, dans le *Nord* et dans plusieurs autres publications périodiques. Mais la plupart sont entièrement inédites.

La première série renferme : les eaux d'Italie, les eaux d'Allemagne et les eaux de Belgique; la seconde comprendra : les eaux de France et les bains de mer.

FIN DE L'AVANT-PROPOS.

LES EAUX D'ITALIE.

AIX-EN-SAVOIE. — NICE. — MONACO. — THERMŒ MINORES

AIX-EN-SAVOIE.

Historique d'Aix. — Etablissement royal d'Aix-les-Bains. — Thermes Berthollet. — Service médical. — Piscines, bains et douches. — La douche sentimentale. — Musée anatomique. — Décadence du Casino. — Suppression de la roulette. — Les hôtes illustres. — Petite chronique d'Aix. — Calypso et l'auteur d'*Ulysse*. — Les environs d'Aix. — La cascade de Grésy. — Tombeau de Mme de Broc. — L'ermitage des Charmettes. — Jean-Jacques Rousseau, Mme de Warens et Thérèse. — Chamouny. — La Grande-Chartreuse. — Conclusion.

On pourrait dire, en parodiant un mot de Tacite : « Partout où il a vaincu, le Romain s'est baigné. » Un grand nombre de villes d'origine latine portent le nom d'Aix, depuis Aix-en-Provence, jusqu'à Aix-la-Chapelle, où Charlemagne assit les fondements de son empire sur les bases d'une cité romaine, de même que les rois francs avaient établi leur palais à Lutèce, dans les thermes de Julien.

Les archéologues désignent Aix-en-Savoie sous le nom latin d'*Aquæ Gratianæ*, en souvenir de l'empereur Gratien. Mais la colonie thermale était avant cette époque d'une certaine importance : on y avait élevé des temples et des arcs de triomphe. Celui de Campanus, qui servait d'entrée principale aux thermes, fut élevé, dit-on, en l'honneur d'une victoire remportée par les Romains sur les Allobroges.

Les barbares, qui supplantèrent les Romains, ne se baignaient guère ; pendant tout le moyen âge, le lieu où l'on prenait les eaux n'était qu'une espèce de grotte-piscine, dans laquelle les malades des deux sexes s'asseyaient ensemble, séparés seulement par une muraille à hauteur d'appui.

De nos jours Aix-les-Bains est devenue une des capitales de la *Savoie propre*, comme l'appelle (sans doute par antiphrase) l'écriteau officiel de l'octroi municipal.

On se baigne à Aix dans deux établissements rivaux : l'Etablissement royal et les Thermes Berthollet.

L'*Etablissement royal* fut construit de 1772 à 1784, sous le règne de Victor-Amédée III, et sur les plans du comte de Robilan. Les sources qui l'alimentent sont intarissables et tellement abondantes qu'on a pu en remplir de vastes étuves où les baigneurs peuvent se livrer, dans l'eau courante, à l'exercice de la natation. Les buveurs d'eau se partagent entre deux robinets également fréquentés, la source d'alun et la source de soufre.

Les cabinets des douches comprennent quatre divisions :

1° La division des *Princes ;*

2° La division des *Dames ;*

3° La division des *Hommes ;*

4° La division d'*Enfer*.

Cette dernière est un gouffre de vapeur sulfureuse, un véritable soupirail de volcan. Les serpens, chers à Esculape, attirés par la chaleur, vont quelquefois se baigner, dit la légende, dans une grotte qui communique avec la source d'alun et le Puits d'Enfer, et qu'on appelle la *Grotte des Serpents*.

Les *Thermes Berthollet*, ainsi appelés du nom du savant illustre dont la Savoie a été le berceau, sont alimentés exclusivement par la source d'alun, et se composent, dit M. le docteur Constantin James, de trois parties distinctes, savoir :

1° Un vaste cabinet voûté destiné aux douches et aux étuves gratuites ;

2° Un appartement divisé en plusieurs cabinets spécialement réservés pour les douches locales de vapeur ;

3° Un grand bassin, qui était autrefois une naumachie où la jeunesse d'Aix se baignait publiquement.

La spécialité d'Aix-les-Bains, ce qui fait sa réputation hors ligne dans les fastes de l'hydrothérapie, ce sont les douches. « La douche est un bain local, appliqué sur une partie du corps au moyen d'une pression plus ou moins forte et qui, par l'action du jet ou par la vertu spécifique de l'eau, provoque un effet thérapeutique. »

Cette définition, qui m'a été donnée verbalement, par un médecin des eaux, ne donnerait de la douche qu'une idée imparfaite. Pour bien la comprendre, il faut l'avoir subie : il faut avoir reçu ce soufflet aquatique qui vous flagelle impitoyablement sur toutes les parties du corps désignées à son choc violent. Il y a des douches qui vous renversent un homme comme on abat une quille : il y en a de brûlantes, il y en a de glacées; on les reçoit dans tous les sens ; la douche verticale tombe d'en haut; la douche ascendante monte d'en bas; la douche oblique vous prend au travers; mais le triomphe de l'hydrothérapie locale, c'est la douche *écossaise* ou mitigée, qui vous fait passer alternativement du chaud au froid, des étuves du tropique aux glaces du pôle. Il y a des personnes nerveuses qui s'en sont très-bien trouvées. Le fait est qu'après avoir supporté cette épreuve, digne de l'ancienne franc-maçonnerie, on doit être aguerri à toutes les souffrances d'ici-bas !

Les chutes d'eau de l'Etablissement royal d'Aix-les-Bains sont graduées en force et en hauteur selon l'ordonnance du médecin et le courage du patient; on peut, à l'aide de robinets *ad hoc* en accélérer ou en modérer l'action; on peut aussi en varier le jet à l'infini; à cet effet on adapte aux robinets des ajustoirs de divers modèles; des cônes, des cylindres, des pommes d'arrosoir, que sais-je encore !

Un jeune Français, atteint du mal d'amour et que la douche écossaise n'avait pu calmer, s'imagina un jour de faire fabriquer chez un orfévre, une embouchure particulière pour sa douche : c'était un ajustage en argent, percé d'une série de trous imperceptibles d'où le nom de *Dolorès* perlait en gouttes de rosée, puis s'élançait en jet continu, dessinant en l'air le nom de sa bien-aimée... Le jeune marquis d'O... se faisait appliquer, chaque jour, dans la région du cœur, cette douche sentimentale, et le nom de Dolorès finit à la longue par se graver en lettres roses sur sa blanche poitrine.

Hélas! quand il lui fut permis, après une longue attente, de dévoiler enfin son cœur et de mettre à nu ses sentiments, Dolorès, experte en tatouages, s'écria: « Par le sang bleu! marquis, ce nom serait bien mieux en pointillé d'azur, comme les cœurs entrelacés de mon seigneur et maître! »

Quelle douche pour un amoureux!

De quoi guérit-on à Aix, médicalement parlant? De tout, d'abord, et en particulier, des maladies nerveuses, des rhumatismes et de la sciatique. Le service médical y est fait plus sérieusement que partout ailleurs. Douze docteurs attitrés y distribuent des consultations, et l'affluence des malades y est si considérable que le service des bains, au plus fort de la saison, commence à deux heures du matin, et ne finit qu'à neuf ou dix heures du soir.

Mais ce qui distingue surtout l'établissement d'Aix en-Savoie, c'est son musée anatomique, créé par

MM. Despine père et fils, médecins-directeurs. Ce musée, composé de pièces artificielles, représente aussi exactement que possible les cas des maladies les plus graves et les plus intéressantes qui ont été traitées à Aix. On y rassemble aussi toutes les observations médicales faites sur les malades traités chaque année. Ce sont là des témoins précieux, réunis avec bonne foi, de véritables archives de la science, parlant aux yeux et qui seront toujours consultées avec fruit. Il serait à désirer que chaque établissement thermal eût une collection analogue, et qu'il y eût partout, entre les médecins des eaux, l'entente médicale qui unit les docteurs de la petite faculté d'Aix.

Mais ce n'est pas tout de guérir son monde, il faut le distraire et l'amuser. En général, ce qui fait le charme de la vie des eaux, se sont les agréments qu'on y trouve et la société qu'on y rencontre. Les fermiers des établissements en vogue sont moins en peine du régime hydrothérapique que des divertissements du Casino. A Luxeuil, à Néris, à quelques bains ignorés où l'on guérit encore, on rencontre de vrais malades, qui se baignent consciencieusement, croient à la médecine et boivent de l'eau ; mais ailleurs on se promène, on danse, on joue ; c'est un régime comme un autre. Les cavalcades et les *âneries* guérissent des courbatures ; les docteurs Strauss, Laborde et Cellarius traitent les maux de jambes, et la roulette ou le trente-et-quarante ont bien vite fait disparaître les apostumes de la bourse.

Aix-en-Savoie s'était fort bien trouvée de ce régime pendant quelques années : elle faisait de l'hydrothérapie à l'usage des gens du monde, et avait attiré, à force de divertissements, les gens les mieux portants, les touristes les plus ingambes, les Parisiens les plus blasés. Aix avait une spécialité pour guérir le spleen : on y venait d'Angleterre et de mille autres lieux. On y dansait sur tous les modes d'Europe : des boléros espagnols, des valses allemandes, des pas hongrois, des bourrées savoyardes. Aix avait son historiographe comme Bade, dans la personne de M. Amédée Achard, qui racontait à chaque saison les mariages faits ou rompus, les enlèvements, les duels, tous les petits scandales de ce séjour enchanteur.

Cet heureux temps n'est plus. Aix se meurt, Aix est morte, comme ville de plaisir. Les notables du crû, moralistes à leurs dépens, ont persuadé au gouvernement piémontais que les jeux de hasard attiraient la colère céleste sur leur vertueuse piscine. L'honnête M. de Cavour a écouté leurs plaintes, et, d'un trait de plume, il a supprimé la roulette, qui, depuis 1845, faisait la fortune d'Aix. On a tué la poule aux œufs d'or. M. Bias, le fermier des jeux, a fait comme le sage de la Grèce, son homonyme : il a emporté la fortune avec lui. Strauss, lui aussi, a quitté Aix. L'autorité locale a pris la direction du Casino et a institué une commission administrative. Ces messieurs ont cru qu'ils feraient aussi facilement danser le monde élégant que leur marmotte nationale. Un orchestre indigène, composé, moitié de virtuoses militaires, moitié de ménétriers civils, chasse bien vite les étourdis qui ont eu l'imprudence de s'abonner au Casino. Les curieux, les touristes, les désœuvrés, les joueurs de tous pays, tous ceux qui n'avaient que la fièvre du plaisir et la maladie du tapis vert, ont été perdre ailleurs leur temps et leur argent.

Dans le demi-monde féminin, quelques jolies aventurières qui cherchent dans la villégiature nomade des eaux et des bains de mer l'occasion d'exhiber leurs soixante toilettes et de recruter leur personnel d'adorateurs pour l'hiver suivant, naïades fourvoyées, errent comme des âmes en peine dans cet hôpital du plaisir, redevenu le palais de la douleur. Bientôt envolées, elles ne laissent ici que les vrais malades, plus nombreux que jamais, mais encore plus jaloux de ménager leur santé et leur bourse. Adieu donc toutes les excursions, toutes les parties de campagne, les cavalcades, les régates, les concerts et les bals! Adieu paniers, vendanges sont faites!

En vain le chemin de fer et l'omnibus de renfort transportent-ils de Chambéry et d'Annecy tous les cavaliers piémontais, des chevau-légers et toutes les beautés des environs : c'en est fait, le monde du plaisir n'est plus là. Plus de chronique mondaine, plus d'aventures galantes. Amédée Achard a transporté à Bade ses pénates d'été, et je ne sache pas que personne ait pris sa place céans.

Parmi les baigneurs officiels dont les noms figuraient sur la liste des étrangers, pendant la saison thermale de 1856, je n'ai pu guère citer que trois célèbres éclopés de la campagne d'Orient, le général Klapka et les maréchaux Canrobert et Baraguay-d'Hilliers. Tout le reste étaient des Durand, Martin, Bernard et autres notabilités de Lyon, Saint-Etienne, Grenoble et lieux circonvoisins. Le personnage le plus marquant qui fût à cette époque à Aix, était Victor Mabille, connu dans l'univers par la réputation de ses fêtes chorégraphiques, et qui mérite de l'être à un autre titre, comme auteur d'un joli volume de poésies intitulé les *Cigarettes*. L'administration locale aurait bien dû lui demander conseil pour réorganiser les fêtes du Casino.

Au résumé, personne à Aix ne fait parler de soi, en bien ou en mal. Une seule femme fait tous ses efforts pour attirer l'attention, mais c'est presque une indigène. Depuis plusieurs années, le chalet de la belle Mme de S..., avec son jumeau le chalet de M. de P..., sont les succursales privilégiées du Casino. C'est là que Calypso se console de son propre départ, et qu'elle attire tous les voyageurs de quelque renom. Ses nymphes se composent de sa blonde sœur uniquement, et, au lieu du fils, c'est l'auteur d'*Ulysse* qui forme sa cour. Vous voyez que M. François P..., Télémaque servant de cette noble exilée, n'est pas encore si académicien qu'on pourrait croire.

On a tiré des pétards au chalet, le 15 août : c'était Mme de S... qui se souhaitait sa propre fête. On avait cru d'abord à une auguste réconciliation dont une visite du maréchal Canrobert avait fait présager la nouvelle prochaine et possible. Il n'en était rien : l'exilée restera dans le pays des Allobroges.

Ceux que le séjour de la ville ennuie ont du moins la ressource des promenades.

Les excursions aux environs d'Aix sont classiques : on les vante, même quand on ne les a pas faites, tant les *Confessions* de Jean-Jacques et les *Impressions de voyages* d'Alexandre Dumas ont familiarisé les lecteurs avec la villa des Charmettes et les sites pittoresques de la vallée de Chamouny. Le voyage en Savoie et l'ascension au Mont-Blanc sont de ces campagnes qu'on fait volontiers dans un bon fauteuil, au coin du feu, et qu'on récite de mémoire, comme bon nombre de grognards imaginaires racontent les grandes batailles de l'Empire. Qui ne connaît, au moins par entendre dire, ou par les albums de voyage, qui ne connaît les ruines toutes neuves de l'abbaye d'Hautecombe, la maison du diable, le château de Bonpart, la Dent du Chat, les collines de Saint-Innocent, la fontaine de Mauxy, etc., etc.? Qui n'a entendu parler de la cascade de Grésy et de l'accident terrible qui, un jour, rougit de sang la blanche écume de ses eaux?

C'était en 1813. La reine Hortense faisait une saison aux eaux d'Aix, alors ville française; la baronne de Broc, jeune femme de vingt-cinq ans, l'accompagnait comme dame du palais. Une planche apportée de la scierie voisine avait été jetée entre deux rochers, au-dessus d'une chute d'eau. Déjà la reine était passée; Mme de Broc, confiante dans sa légèreté, pose le pied sur ce pont fragile et repousse le bras d'un meunier complaisant. La planche était humide : soit que la vue du torrent qui grondait sous ses pieds eût troublé la jeune femme, soit que le pied lui eût glissé, on la vit tout à coup chanceler, tomber et disparaître. On ne releva qu'un cadavre. La reine Hortense fit élever au bord de la cascade une pierre tumulaire avec cette touchante inscription :

ICI
MADAME LA BARONNE DE BROC,
AGÉE DE XXV ANS, A PÉRI SOUS LES YEUX DE SON AMIE
LE X JUIN MDCCCXIII.
O VOUS QUI VISITEZ CES LIEUX!
N'AVANCEZ QU'AVEC PRÉCAUTION SUR CES ABÎMES,
SONGEZ A CEUX QUI VOUS AIMENT.

La maison des Charmettes, près Chambéry, est le pèlerinage obligé de toutes les âmes sensibles qui conservent le trait dont l'auteur des *Confessions* nous a tous percés au cœur. Les femmes y vont en souvenir de Jean-Jacques, les hommes en mémoire de Mme de Warens. Pécheurs et pécheresses trouvent une certaine satisfaction à voir poétisées les faiblesses du cœur humain dans la personne d'un amant complaisant et d'une maîtresse plus complaisante encore. Qu'était-ce que Rousseau auprès de Mme de Warens? Un Desgrieux sans passion. Et elle? Une Manon sans amour. Je n'ai jamais été touché pour mon compte par le roman des Charmettes, ce phalanstère à deux (et même à trois), où la maîtresse, l'amant et le serviteur faisaient de l'amour une sorte de loisir attrayant. Philosophe de génie, éloquent dans la peinture des passions d'autrui, mais pédant pour lui-même et rustre en amour, celui qui avait profité des complaisances de la bonne-maman, devait être un jour la dupe des grandes dames et s'acoquiner aux faciles appas de Thérèse. Ce qu'une femme de cœur ne pardonnera jamais à Rousseau, c'est d'avoir conduit Thérèse aux Charmettes. La pauvre Mme de Warens, — qui ne savait rien refuser, — donna à la *gouverneuse*, comme l'appelait Diderot, une petite bague de prix que la veuve de Rousseau laissa vendre plus tard par le rustre qui l'épousa en secondes noces. Non, les Charmettes ne sont pas le berceau de l'amour, c'en est plutôt la tombe, et pour y trouver la nature dont Jean-Jacques se déclarait l'amant passionné, il faut contempler le paysage et oublier le roman.

Je ne parlerai pas de Chamouny, plus connu désormais qu'Asnières et Choisy-le-Roi. Ce n'est plus un hameau sauvage, mais un immense hôtel garni où l'on mange à table d'hôte et d'où l'on contemple après dîner le Mont-Blanc, en fumant un cigare. Quand il pleut, ce qui arrive trois jours sur quatre, on y fait le whist ou bien l'on écrit une pensée sur le registre-album de l'hôtel. Les poëtes y transcrivent des vers, les plus modestes se contentent de signer leur nom. On lit, parmi les pensées sublimes inspirées par le spectacle de la vallée de Chamouny, la phrase suivante, échappée à l'enthousiasme d'un touriste : « Exprimer ce qu'on éprouve est difficile à peindre. »

La Grande-Chartreuse elle aussi tourne trop à l'auberge. Les moines qui l'habitent donnent, l'été, à boire et à manger, et, l'hiver, fabriquent une liqueur excellente, mais très-chère, et qu'il conviendrait peut-être mieux de distiller ailleurs que dans un couvent. Je ne sache pas que saint Bruno ait été suspendre son oratoire au fond d'un désert abrupte et loin de la société des hommes pour y installer un hôtel garni et un laboratoire de liquoristes. Nous avons déjà l'eau de mélisse des Carmes, l'eau des Jacobins de Rouen, la liqueur des Chartreux, et, non loin, l'eau de la Salette : assez de pharmacie comme cela : les moines sont faits pour travailler et prier, non pour faire infuser dans l'alcool des plantes aromatiques : il faut en revenir à l'exacte observance des règles de l'ordre, si la Grande-Chartreuse veut mériter l'éloge que Jean-Jacques Rousseau écrivit sur l'album de la communauté : « J'ai trouvé dans ce désert des plantes rares et de plus rares vertus. »

Une saison à Aix-les-Bains ne suffirait pas pour visiter toutes les merveilles de la Savoie, et ceux qui y sont venus une année en malades doivent ensuite y retourner en touristes. Mais, nous le répéterons, pour rendre aux eaux d'Aix leur ancienne renommée, il r faut pas se fier exclusivement à la vertu des eaux ; faut, en outre, faire appel au plaisir, cet utile aux liaire de la médecine; il faut, à côté des excelle docteurs qui ont fait la fortune des bains, réintégr un fermier intelligent, un habile intendant des men plaisirs, qui ramène les baigneurs bien portants élève la fortune du Casino.

NICE.

La Baie des Anges. — Le Jardin d'Hiver. — Tout chemin mène à Nice. — Les îles de Lérins. — Topographie de Nice. — L s villas suburbaines. — La promenade des Anglais. — Alphonse Karr, jardinier.— La vieille ville — Le Ghetto. — Souvenir de Paganini. — Les deux cimetières. — La ville neuve. — Propriétaires et locataires. — Les cheminées fument. — Exploitation du touriste par l'aubergiste. — *Boarding-Houses.* — La Bourse ou la vie.— Les théâtres. — Grassot et Meyerbeer. —Mlle Cruvelli et la baronne Vigier. — Pas de Casino. — Cabinets littéraires — Les salons de Nice. — Statistique des étrangers. — Promenades et excursions. — Monaco. — Menton. — Cannes.— L'insolation. — Nice *for ever.*

Il prit un jour fantaisie à un savant homme, à M. de Jussieu, d'allonger de plusieurs chants le *Paradis perdu* de Milton. Le botaniste glissa, dans les pages fleuries de ce poëme éternel, ses vers aujourd'hui desséchés comme les plantes d'un herbier. Et cependant il chantait Nice! Il disait comment Adam et Eve, chassés du paradis terrestre, furent conduits par l'ange dans les campagnes de la Ligurie, dont le doux climat, la riche végétation, le site pittoresque leur rappelèrent l'Eden natal et devinrent pour eux une compensation à la perte de ce délicieux séjour.

Voilà le prétexte qui fit donner au golfe de Nice le poétique surnom de *Baie des Anges.*

S'il était permis de refaire la mythologie, je dirais plutôt que Nice est la fille du Soleil.

Les marins de ce littoral inventèrent jadis la *marinette*, fidèle amante du pôle nord. La boussole de Nice se tourne désormais vers le midi; c'est du midi que lui viennent la lumière, la chaleur et la fortune. Aussi voyez comme la ville est orientée de manière à recevoir les premiers rayons de l'aurore et les dernières lueurs du crépuscule, les dernières caresses de l'automne et les premiers sourires du printemps! Le soleil luit pour tout le monde, dit le proverbe, mais il a pour Nice et ses alentours des préférences toutes particulières; il est la richesse de ce pays, comme le Vésuve est celle de Naples : l'industrie de Nice, c'est, comment dirai-je ? c'est l'héliomonopole ou l'exploitation du soleil. La ville devrait avoir sur son écusson, comme armes parlantes, un thermomètre et un cadran solaire écartelés sur champ d'azur.

Bade, Vichy, Ems, Spa sont des parcs d'été; Nice est un jardin d'hiver : c'est là que s'épanouit, au tiède soleil de février, la fine fleur de l'aristocratie européenne. L'été, tout le monde fait de la villégiature à sa manière et selon ses moyens; les uns vont à la campagne, les autres aux bains de mer; à Paris même, on a le bois de Boulogne : la nature vient au-devant du citadin et lui prodigue l'air pur et les brises embaumées, mais échapper aux brumes de décembre, aux glaces de janvier; braver la grippe, se chauffer au soleil, le jour, et danser, le soir, aux bougies; savourer des primeurs en tout temps, cueillir des roses en toute saison, voilà les frais raffinemens du luxe et de l'élégance; voilà des plaisirs que peuvent seuls se donner les princes et les millionnaires, les phthisiques et les chroniqueurs, tous ceux qui font à Nice une saison d'hiver.

On me l'avait toujours dit : la route qui mène au paradis est semée de ronces et d'épines!

Il y a deux manières de se rendre de Marseille à Nice; mais l'une ne vaut guère mieux que l'autre. La voie de terre est desservie par des diligences qui mettent régulièrement de 25 à 30 heures pour faire 55 lieues. On est de plus obligé de prendre des vivres avec soi, sous peine de rester douze heures sans nourriture. Enfin, l'on court le risque de rencontrer des voleurs de grande route dans les gorges de l'Esterel; c'est un avant-goût de l'Italie.

Et cependant, malgré ce programme peu attrayant, il est rare que les voyageurs qui sont allés par mer à Nice n'en reviennent pas par terre. Jugez par là des charmes de la traversée.

Deux compagnies de bateaux à vapeur se disputent

le privilége de transporter les voyageurs de Marseille à Nice. Elles rivalisent entre elles de lenteur et de malpropreté. Les colis et les bagages sont installés aux premières places, sur le pont, et servent de support aux Anglais des deux sexes, qui sont sur mer comme chez eux, et font le voyage, ayant constamment sous les yeux une carte marine ou l'itinéraire de Bradshaw.

La traversée dure de douze à quatorze heures, à moins qu'un coup de mistral ou un détraquement dans la machine du steamer ne retienne le navire, pendant cinq ou six heures, en rade de Marseille. On part ordinairement le soir, ce qui, du moins, permet de jouir en mer du lever du soleil sur les cimes neigeuses des Alpes maritimes. C'est un admirable spectacle et qui manque rarement son effet. Le soleil dessine d'abord à l'horizon une marge dentelée de pourpre, puis, émergeant tout d'un coup, colore d'un rose vif les montagnes couvertes de neige et les rochers à pic du littoral. Ce panorama splendide console des lenteurs du voyage, et, comme on serre la côte de près, on peut saluer en passant le golfe Juan, où s'opéra le débarquement de l'île d'Elbe, les blanches maisons de Cannes, le phare d'Antibes, les îles de Lérins, et embrasser d'un coup d'œil, à l'horizon, la baie en fer à cheval qui s'étend de l'embouchure du Var au promontoire de Monaco.

Nous devons, en passant, un souvenir aux îles de Lérins : l'une d'elles s'appelle Saint-Honorat, l'autre Sainte-Marguerite. La légende provençale, plus poétique que celle de la Thébaïde, raconte que Marguerite et Honorat, la sœur et le frère, âmes éprises de solitude, avaient choisi ces deux îles pour retraite. Ils s'étaient imposé pour règle austère de ne se revoir, chaque année, qu'à l'époque de la floraison du cerisier. Mais sainte Marguerite, sentant le besoin de fortifier sa vertu à l'ombre de celle de son frère, pria Dieu avec tant de ferveur que, sur cette terre bénie, le cerisier fleurit tous les mois. Simple et touchante tradition!

Hélas! les îles où florissaient, au moyen âge, les vertus mystiques des anachorètes, sont devenues une prison d'Etat. La légende du masque de fer a fait oublier celle de sainte Marguerite : les prisonniers arabes qui sont internés aujourd'hui dans cette prison, voilés de leurs burnous et les regards tournés vers la Mecque, semblent autant de fantômes et rappellent le temps où l'*île des Saints* n'était habitée que par les moines de saint Benoît. Le pèlerinage de Lérins a été longtemps célèbre dans les annales dévotes de la Provence. Toutes les grandes familles du pays avaient leur sépulture dans l'île de Saint-Honorat. La révolution est venue : le monastère devint propriété nationale et fut adjugé à Mlle Alzéary-Roquefort, ancienne actrice de la Comédie-Française; on profana les tombes; on laissa se dégrader les édifices. Mais les archéologues sont venus depuis, qui ont sauvé les ruines de la destruction et les souvenirs de l'oubli.

Voici, au delà d'Antibes, l'embouchure du Var. Ce

fleuve semble vouloir séparer encore la France de l'Italie en traçant un sillon jaunâtre au milieu des ondes bleues de la Méditerranée. C'est dans ce coin de mer, souriant et fleuri, que Nice est blottie, comme un nid de cygnes, image encore empruntée à la poésie des albums anglais.

Le territoire de Nice commence à l'embouchure du Var, à la frontière de France. Tout le littoral, qui s'élève en pente douce au-dessus du golfe, est couvert de villas invariablement orientées vers le midi. Ce sont les Champs-Elysées et le bois de Boulogne de Nice, car ici, comme à Paris et à Londres, il n'est pas de bon ton d'habiter au cœur de la ville. Parmi les villas royales et princières de cette banlieue aristocratique, on cite la villa Bermond, entourée d'un magnifique bois d'orangers. L'impératrice douairière de Russie l'a habitée une saison et y a donné de charmantes fêtes. La villa Césoles a été occupée, l'hiver dernier, par la grande-duchesse Stéphanie de Bade, qui, à son tour, était à Nice la reine de la saison. La villa Gastaud, sur la route de France, et la villa Mary-Fox, sa voisine, sont aussi de fort élégantes habitations, que louent les princes et les nobles étrangers.

Le roi de Wurtemberg était installé, cet hiver, à Nice sous le nom de comte de Teck.

En entrant dans la ville par la promenade des Anglais, parallèle à la route de France, nous trouvons la villa Avigdor, la villa Lyons, et une foule de magnifiques hôtels et de charmantes habitations qui font de cette promenade un délicieux panorama. C'est le rendez-vous habituel de la fashion. On a une vue magnifique sur le golfe et une exposition en plein midi. Les Anglais, frileux comme des lézards, mais qui craignent toujours pour leur teint, s'y garantissent du soleil de février au moyen d'ombrelles blanches doublées de vert. On en rencontre même qui portent à cheval le classique parasol.

La promenade des Anglais conduit au jardin public, dessiné en triangle et planté d'arbres de toutes les essences : oliviers, vernis du Japon, magnolias, bruyères arborescentes, altéas, palmiers, rosiers en fleurs, géraniums, etc., qui tous y réussissent à merveille.

La musique de la garnison y joue deux fois la semaine; les autres jours, l'orchestre est composé de virtuoses allemands. La mode anglaise domine dans les toilettes de ville, qui sont plutôt étriquées que tapageuses. Pas la moindre crinoline. La brise de la mer seule enfle par moments les blanches tuniques des filles d'Albion.

Le consulat de France fait face au jardin public. Le rez-de-chaussée de la maison est occupé par la boutique d'un fleuriste, marchand de légumes et de primeurs. Sur une plaque de marbre, servant d'enseigne, on lit : ALPHONSE KARR, JARDINIER. L'ex-romancier part tous les matins de son jardin, qu'on appelle la ferme Saint-Etienne, à un kilomètre du centre de la ville, et vient, monté sur un petit cheval blanc, donner des ordres à sa boutique. Puis il s'en retourne greffer ses rosiers et tailler ses arbres. Au fond du jardin est une ruche bourdonnante d'où s'échappe l'essaim des nouvelles *Guêpes*.

Il y a deux villes dans Nice : la vieille cité et la ville neuve. L'ancien Nice se reconnaît de loin à son aspect misérable et à l'odeur marseillaise qu'il exale. Il rappelle les *ghetto* de l'ancienne juiverie. Les rues y sont étroites, noires et froides. Le soleil s'y montre peu; la ville neuve l'accapare. Pour bien voir le vieux Nice, il faut gravir la montée du château. Le pavé est en dalles ou en mosaïque de galets blancs, gris et noirs. Les maisons ont de trois à quatre étages, beaucoup sont reliées l'une à l'autre par une arcade. Elles ont en général des balcons de fer ouvragé à la mode de Gênes.

Les soupiraux des caves et bon nombre de fenêtres du rez-de-chaussée sont garnis de grilles extrêmement fortes. Cette précaution date du temps, qui n'est pas encore bien éloigné, où les pirates barbaresques opéraient des descentes sur la côte de Gênes et de Nice, pillaient les habitants et enlevaient sur leurs galères le butin et les jeunes filles. Plusieurs matrones niçoises se souviennent d'avoir passé les plus belles années de leur jeunesse dans les harems d'Alger, de Tunis et de Tafilet.

On voit encore, tout le long de la côte, les forts construits de distance en distance pour protéger les villages, mais qui, le plus souvent, servaient de phare aux pirates.

Un de ces petits forts, qu'on aperçoit à l'horizon du

côté de Villefranche, a été depuis transformé en un pigeonnier, au toit pointu : c'est là qu'en 1843, on transporta provisoirement le corps de Paganini, qui venait de mourir à Nice d'une maladie de poitrine.

Paganini avait laissé une somme importante pour ses funérailles ; mais, sans doute, il n'avait pas désigné dans son testament, d'une manière précise, le lieu de sa sépulture. L'évêque de Nice prétendait avoir le droit de rendre au grand artiste les derniers devoirs, attendu qu'il était mort dans le diocèse. L'évêque de Gênes, de son côté, revendiquait ce privilége pour la ville où était né Paganini. On plaida de part et d'autre, et, pendant la durée du procès, le corps resta exposé dans cette morgue isolée... Enfin l'évêque de Gênes l'emporta : les restes mortels de Paganini furent embarqués en grande pompe, et l'illustre défunt put enfin reposer en terre sainte, dans sa ville natale.

Au-dessus du vieux Nice est le cimetière italien. Deux grands squelettes, peints à la détrempe, font sentinelle à la porte. A quoi bon montrer ainsi la mort dans sa laideur matérialiste ? Combien Vichy, Ems, et les villes thermales de tous les pays sont moins réalistes et mieux avisées ! Elles ne souffrent pas qu'un glas funèbre attriste les vivants : les convois mortuaires n'ont lieu que la nuit ou de très-grand matin ; mais elles se gardent bien surtout d'offrir, aux regards de malades réels ou imaginaires, des danses macabres ou des exhibitions d'ostéologie. A Bade, le cimetière est un musée de pierres tumulaires; à Ems, c'est un jardin qui donnerait presque envie de mourir.

Il y a un second cimetière à l'autre extrémité de Nice, mais qui n'offre aucun monument remarquable. On y lit sur des plaques de marbre plusieurs noms de familles anglaises et françaises. Il est question d'exproprier ce champ des morts pour cause d'utilité publique. Triste raison à donner aux familles étrangères qui, ne pouvant pas toujours emporter avec elles les restes d'un enfant chéri ou d'une jeune fille morte dans sa fleur, avaient cru du moins leur assurer une sépulture inviolable, une concession à perpétuité.

Nice est séparé en deux parties par le *Paglione*, véritable Mançanarès italien, qui promène l'été son maigre filet d'eau sur une grève de sable, et dont le lit, presque toujours à sec, sert aux blanchisseuses à sécher leur linge. Le Paillon (c'est le nom français du torrent) a néanmoins servi de prétexte à un fort beau pont et à des quais magnifiques. Deux belles rues, celle du Pont-Neuf, garnie de riches magasins, et le Corso, promenade assez élégante, complètent, avec la promenade des Anglais et le jardin public, le Nice moderne, qui, du reste, tend chaque année à s'accroître et à s'embellir.

Ce n'est pas que la ville fasse pour cela de grands frais : elle est même peu sympathique aux projets d'embellissements publics; mais la spéculation privée s'est jetée, depuis quelque temps, sur les constructions, et les maisons neuves à quatre ou cinq étages, se comptent déjà par centaines. Parmi les propriétaires, il en est qui ont bien calculé ou qui ont été heureux et qui tirent douze ou quinze pour cent de leur argent. Il en est d'autres qui perdent, mais c'est le petit nombre.

Les maisons de Nice sont invariablement peintes à l'extérieur, comme celles de Bade, avec des ornements en style Louis XV, des fleurs, des enroulements, etc., le tout de couleurs tendres : blanc sur gris, ou blanc sur vert. Toutes ont des persiennes vertes et des terrasses à l'italienne. L'intérieur en est assez confortable; mais, hélas! les cheminées fument! Est-ce une vengeance du soleil? est-ce un vice de construction? Je l'ignore, mais il est assez étrange que ce soit précisément dans le pays des fumistes que les cheminées sont le plus défectueuses. Les fumistes piémontais de Paris ne seraient-ils que des Parisiens déguisés?

Pour quiconque n'a pas sa villa, Nice est une grande auberge très-dispendieuse, comme toutes les villes de bains et de villégiature élégante. L'exploitation des étrangers est la principale industrie du pays, et elle se pratique sur une large échelle, au plus grand profit des propriétaires et des hôteliers. Il est à regretter que l'admistration locale n'ait pas établi, pour régler les rapports entre les habitants et les étrangers, des tarifs sérieux, ou, si ces tarifs existent, qu'elle n'en surveille pas mieux l'exécution. Les millionnaires eux-mêmes n'aiment pas à être exploités, à plus forte raison les voyageurs, les touristes et ceux que leur santé oblige quelquefois à des sacrifices au delà de leurs ressources. Les faux riches seuls sont prodigues. La véritable opulence est économe, sensée et calcule ses dépenses. Elle dédaigne de marchander ou de se plaindre; mais le moment vient où, par une sorte de convention tacite, la clientèle émigre vers un séjour plus hospitalier. Que Nice y prenne garde. La mode a ses caprices. Quelques villes voisines, Menton, Monaco, Antibes, Cannes, pourraient bien, sinon la détrôner, du moins lui enlever quelques fleurons de sa couronne.

Les Anglais, qui savent très-bien concilier l'économie avec le confortable, ont déjà provoqué une notable amélioration dans la tenue de leurs appartements garnis. Les *boarding-houses* de Nice, pensions bourgeoises à l'instar de celles des Champs-Elysées et du quartier Beaujon, offrent une bonne nourriture et un service convenable à des prix qui ne sont pas trop élevés. Mais les Français ne sont pas en faveur dans les hôtels. On ne trouve pas qu'ils y dépensent assez, et volontiers on laisse voir sa préférence pour les Anglais et les Russes, hôtes chéris qui sablent à flots le vin de Champagne et dédaignent, en grands seigneurs, de contrôler une addition.

Autrefois cependant, la vie n'était pas chère à Nice. Aujourd'hui, elle est aussi dispendieuse qu'à Paris. La ville donne pour raison qu'on lui a enlevé son privilége de port franc; elle crie bien haut contre le gouvernement piémontais, en bénissant tout bas cet heureux impôt qui lui permet de doubler ses revenus. Les appartements, surtout ceux qui sont situés au midi, se louent au prix fort des Champs-Elysées. Il y a quelques années, on pouvait encore vivre à Nice avec 6,000 fr. de revenu; aujourd'hui c'est impossible, à moins de se faire maître d'hôtel ou de sous-louer en garni. Il ne suffit donc plus d'être poitrinaire pour aller vivre à Nice, il faut encore être millionnaire.

Parlons maintenant des distractions de la ville. Il y a deux théâtres à Nice : un théâtre français et un théâtre italien; ils sont égalcment médiocres, malgré les efforts des directeurs, moins peut-être par l'insuffisance des artistes que par la difficulté de satisfaire un public blasé. Les Niçois, qui sont moins difficiles, font voir une préférence marquée pour le théâtre italien (Tiranty), non par dilettantisme, mais par patriotisme. Le théâtre français a un assez bon orchestre : on y joue tout le répertoire parisien, depuis les *Huguenots* jusqu'à la *Chambre à deux lits*. La pièce qui a eu le plus de succès, l'hiver dernier, est le MISANTHROPE..... et l'*Auvergnat*.

Desinit in piscem Molier *formosa supernè.*

Grassot a fait une saison à Nice. Il y est venu pour rétablir sa voix. C'est un rude métier que celui de comique au Palais-Royal. Alcide Tousez est mort à la peine. Sainville avait dû prendre à Pau ses invalides, avant l'âge. Grassot n'est heureusement malade que d'une laryngite, il n'a, dit-il, d'autre ambition que celle de la mère Michel, qui avait perdu son chat...

Meyerbeer, lui aussi, passe l'hiver à Nice ! Il habite

une jolie maison à la promenade des Anglais, et va chaque jour en bon bourgeois, un parapluie sous le bras, promener ses deux filles, deux charmantes personnes, en qui semble rayonner le génie de leur père. L'auteur de l'*Africaine* est, dit-on, à la recherche d'une voix qui puisse chanter cette partition surhumaine. La voix existe : elle habite même Nice en hiver, mais elle a renoncé pour jamais au théâtre, à ses triomphes et à ses épreuves. Mlle Sophie Cruvelli, aujourd'hui baronne Vigier, a élu domicile à la villa Avigdor ; mais, en grande dame qu'elle est, elle ne chante plus que pour ses heureux invités.

Ce qui distingue Nice des autres villes cosmopolites, c'est qu'il n'y a pas de Casino. Le Casino est un salon omnibus où tout le monde se croit dispensé de la politesse parce qu'il n'y a pas de maître de maison. A Nice, il n'y a que des cercles et des salons. Le cercle de la ville est monté et entretenu par souscription. Il faut être Niçois pour être actionnaire et avoir le droit de présenter quelqu'un. On y donne des concerts et des soirées dansantes.

L'établissement littéraire Visconti est, dans ce genre, un des plus complets. On y trouve les journaux de tous les pays du monde et même ceux de Nice. Une bibliothèque circulante de 12,000 volumes tient les abonnés au courant des nouvelles littéraires ; un salon de conversation avec jeux de tric-trac, d'échecs et de whist est à la disposition des souscripteurs. Il y a bien par-ci par-là quelques réunions plus intimes où l'on joue moins bourgeoisement; mais lorsqu'on s'y hasarde, il faut bien prendre garde à certains passagers qui arrivent du Pirée en droite ligne...

Les salons de Nice sont, en général, hospitaliers. La société anglaise, elle-même, s'est départie du système d'exclusivisme qui la rend presque inaccessible dans le pays du *Cant*. Elle a donné l'hiver dernier des concerts, des bals par souscription; elle a même organisé des régates.

Il y a peu de salons italiens à Nice. On ne cite guère que celui d'un opulent banquier, M. A..., consul de plusieurs souverainetés allemandes, la villa très-recherchée d'une riche veuve renommée pour sa beauté, Mme P..., et enfin celle, fort connue, du comte de C..., qui réunit les qualités du parfait gentleman à celles d'un éminent musicolâtre. Deux belles Milanaises, la marquise D... et la comtesse C..., ont aussi ouvert cette année, à leurs nombreux compatriotes, leur maison hospitalière. Mais les deux salons quasi royaux qui ont donné le ton l'hiver dernier à Nice, sont celui de la villa Césoles, où S. A. I. la grande-duchesse Stéphanie de Bade, tante de l'Empereur des Français, réunissait l'élite des blasons et des talents de tous les pays, et celui de la duchesse de Sagan, princesse de Courlande, ex-comtesse de Dino, un véritable salon français, où l'on jouait la comédie en société ou tout au moins des charades en action.

La famille de Rothschild avait aussi, cet hiver, sa villa à Nice, et les pauvres, plus encore que les riches, se sont aperçus de sa présence. Elle assistait au bal par souscription qui avait été organisé pour les Français malheureux, bal des plus brillants et qui a réuni l'élite de la société étrangère : la grande-duchesse et sa petite cour, le duc et la duchesse Hamilton, la duchesse de Sagan, Mme Avigdor, les autorités de la ville et l'état-major de la petite garnison d'Antibes.

J'aurais trop à faire s'il me fallait citer ici les noms de tous les étrangers de distinction qui prennent à Nice leurs quartiers d'hiver; mais pour donner une idée de la composition de cette colonie cosmopolite, je citerai du moins quelques chiffres de statistique empruntés à la liste officielle des étrangers. Sur 915 familles présentes à Nice le 1er janvier 1858, on en comptait 353 anglaises, 251 françaises, 77 russes, 50 italiennes, 44 allemandes, 25 américaines, et ainsi de suite, toujours en proportion décroissante.

Si agréable que soit le séjour de Nice, les étrangers n'en font pas moins de nombreuses excursions aux environs de la ville. On visite, le plus souvent, les ruines du couvent de Saint-Pons, la grotte de Saint-André, Villefranche et le petit port de Saint-Jean, d'où l'on s'embarque pour Monaco, à moins qu'on ne préfère suivre la vieille route, escarpée et pittoresque, celle de la Corniche. Un chemin neuf, taillé dans le marbre de la côte, va bientôt, en attendant le chemin de fer, conduire, en une heure et demie, de Nice dans la petite principauté de Monaco.

Menton, l'ancienne capitale des Florestan, est

aujourd'hui une succursale de Nice. Les vrais malades préfèrent même le séjour de cet espalier de marbre où le soleil est encore plus chaud qu'à Nice et où la vie est moins agitée. Du reste, toutes les villes de ce littoral ont aujourd'hui leur colonie d'étrangers, comme tous les petits ports de la côte normande ont leurs bains de mer. Cannes surtout essaie de faire concurrence à Nice, et, pour cela, elle a imaginé, pour les malades fantaisistes, un traitement des plus originaux. Vous connaissez les bains froids et les bains chauds, les bains de mer et d'eau douce, les bains de petit lait et même les bains de bourgeons de sapin. Mais les bains de sable! voilà du nouveau. L'*insolation* est la spécialité de Cannes et fera peut-être un jour sa fortune. On creuse une fosse dans le sable, en plein soleil, par 40 degrés de chaleur; on y enterre le malade jusqu'au cou, et on l'en retire mort ou vif après quelques heures d'insolation. Le même procédé doit très-bien réussir pour la cuisson des homards. Eh bien! tout empirique qu'il semble, ce régime a opéré des guérisons miraculeuses, et l'on vous dira volontiers, dans ce gai séjour de l'*humour* provençale, que les paralytiques et rhumatisants qui se sont ensablés, n'ont plus besoin de Cannes.

Il est fort heureux, du moins, qu'on ait épargné cette torture à la pauvre Rachel, qui est morte sur ce rivage, livrée aux charlatans qui publiaient des bulletins mensongers sur la prétendue convalescence de la grande tragédienne déjà à l'agonie. Et cependant cette torture physique eût été moins douloureuse que l'autopsie morale pratiquée après sa mort, sur la mémoire de cette grande artiste.

Et maintenant veut-on savoir pourquoi le paradis de Nice a tant d'attrait pour les corps affaiblis et les âmes mélancoliques, pour les phthisiques et les victimes du *spleen;* c'est que cet air tiède, ce ciel pur, cette mer calme, ces brises embaumées, sont comme une douce transition entre les douleurs terrestres et la béatitude du ciel. Les malades s'y sentent vivre, les mourants ne s'y sentent pas mourir!

MONACO.

Ab Jove principium. — La maison Grimaldi. — La principauté de Monaco. — La villégiature d'hiver. — L'*Eden* de Monaco. — Villefranche, port russe. — Les vaisseaux-roulettes. — La cure des oranges.

Monaco a eu, pour premier fondateur, Hercule, fils de Jupiter et d'Alcmène, et pour derniers souverains les princes de l'antique famille des Grimaldi, dont l'origine se perd dans la nuit des temps.

Les Grimaldi sont d'aussi ancienne race et d'aussi bonne maison que les Habsbourg et les autres souverains régnants de l'Europe. Ils ont reçu de l'empereur Othon l'investiture de leur petite principauté dont la possession leur a été garantie solennellement, en 1815, par les traités de Vienne. Ils sont donc sous la protection immédiate de la Sainte-Alliance.

A-t-on assez plaisanté sur cette souveraineté microscopique! Elle est cependant demeurée debout sur son promontoire escarpé, et, plus heureuse en cela que d'autres Etats italiens, elle a conservé sa petite indépendance. Il est utile parfois d'être humble et faible. La foudre que lancent les aigles épargne les roitelets. La maison de Grimaldi, après bien des vicissitudes, est restée néanmoins maison souveraine, et elle a fait dernièrement acte de souveraineté en créant une banque à Monaco. Singulier nom, n'est-ce pas? pour une banque, et qui démonétiserait bien vite une spéculation financière! mais il s'agit ici d'une de ces banques privilégiées qui font toujours fortune. On joue à Monaco, hélas! et de ce promotoire qui domine au loin la mer Tyrrhénienne, on peut encore aujourd'hui faire le saut de Leucate!

La principauté de Monaco a six lieues carrées d'étendue, et une population de sept à huit mille habitants. Elle est enclavée dans le royaume de Sardaigne et forme, à l'est de Nice, un promontoire escarpé au sommet duquel est perchée la ville de Monaco, capitale des Etats, et l'une des résidences du souverain qui y possède un château. Monaco a 1,200 âmes. Au pied du rocher de marbre qui domine au loin le golfe de Gênes est un petit port de pêcheurs, centre d'un cabotage actif, et une plage unie, sablonneuse, où l'on projette un vaste établissement de bains de mer.

C'est un grave et sérieux sujet de préoccupation pour les médecins et les malades, que le choix d'un climat favorable où les baigneurs qui, pendant la saison d'été, ont fait une cure d'eaux minérales, puissent aller en recueillir les fruits ou en continuer les bons effets, à l'abri des atteintes de l'hiver. Les villes et les jardins d'hiver consacrés par l'usage offrent tous plus ou moins d'inconvénients : Naples est bruyant et coûteux, Madère est bien loin, Pau trop souvent visité par le vent glacial des Pyrénées, et le cimetière des Anglais à Nice vous dira si le séjour de cette ville est salutaire aux poitrines délicates. La question de l'hivernage des valitudinaires restait donc depuis longmteps indécise lorsqu'une société s'est chargée de la résoudre en créant à *Monaco* un établissement qui bientôt sera sans rival en Europe.

Ecoutez le poëme en prose de Monaco :

« Salut! coin de terre privilégiée que la nature a comblé de ses trésors ! que les frimats n'ont jamais attristé !

« Rien de plus étrange que l'aspect de cette ville incrustée aux flancs d'un rocher surplombant la mer, où dans chaque crevasse fleurit un jardin, où de chaque trou s'élance un vieux figuier noueux courbé sous ses fruits. Rien de plus délicieux que ce rivage embaumé, où les rosiers, les grenadiers, les lauriers-roses, les orangers et les citronniers font étinceler en toute saison leur brillante parure de fleurs et de fruits d'or !

« Accoudé nonchalamment à la fenêtre d'une de ces blanches maisons que l'humidité n'a jamais déshonorées de ses verts stigmates, vous laissez errer votre regard ravi sur le splendide paysage qui se déroule devant vous ! On dirait que le souffle ardent de l'Afrique féconde cette plage fortunée où s'épanouit dans toute sa magnificence la luxuriante végétation des tropiques; palmiers aux sveltes colonnettes surmontées d'un verdoyant parasol, néfliers du Japon aux fruits jaunes et acidulés, azeroles et jujubes qui pleuvent à terre avec les fleurs d'oranger qui se dessèchent sur un tapis de violettes de Parme...

« Il n'est pas de spleen qui résiste à l'influence de ce doux climat ; la nostalgie y est inconnue et Mignon n'y regretterait pas la patrie absente [1].

« Dans ce pays aimé du ciel on rêve peu et on pense encore moins; on y pratique dans toute sa réalité ce précieux *farniente* si salutaire aux malades, on y vit à la façon des plantes qui s'épanouissent et prospèrent au soleil. »

Mais ce n'est pas tout : l'air est si pur, si sain à Monaco, grâce à l'absence des marais, des brouillards et des vents froids, que les habitants y atteignent généralement la plus extrême vieillesse. Un fait bien significatif, c'est que le choléra qui, à diverses époques, a sévi à Nice, à la Turbie, à Menton et même à ce nid d'aigle qu'on appelle Roquebrune, a toujours respecté Monaco. La vie végétative qu'on y mène, en s'enivrant d'air, de soleil, de brise et de parfums, fait des centenaires avec des poitrinaires et des asthmatiques.

La société des bains de Monaco, qui a obtenu de S. A. S. le prince régnant un privilége d'exploitation

1. Le journal semi-officiel de Monaco a pour titre l'*Eden*.

de trente-cinq années, s'est appliquée à réunir dans cette oasis tout ce qui peut en faire un lieu de comfort et de délices. Bains de mer pour l'été, casinos somptueux pour l'hiver, musique excellente, artistes d'élite et de tous genres, villas élégantes construites au milieu de bosquets d'orangers, tout enfin a été combiné pour que, l'art aidant la nature, Monaco devienne avant peu un véritable Eldorado, et le rendez-vous d'hiver de la société europérenne.

Le voyage de Monaco, déjà très-facile, va le devenir encore plus, grâce à une magnifique chaussée qui se construit à grands frais et qui permettra de venir de Nice en une heure. Bientôt on ira l'hiver à Monaco, comme on va à Baden, à Ems et à Wiesbaden; on y trouvera les mêmes agréments, la même société, le même bien-être, plus, ce qui est inappréciable, un climat enchanteur et une température toujours égale.

Ce n'est plus ce pays fantastique, popularisé seulement par un *pont-neuf;* déjà plusieurs écrivains distingués, Mme Ch. Reybaud, Prosper Mérimée, Alexandre Dumas, le marquis de Belloy, le docteur Yvan, Henry Monnier, Alphonse Karr, Paul Lacroix, le baron de Bazancourt, Toppfer, Paul de Musset, etc., l'ont tour à tour visité, habité et chanté.

La société russe surtout semble avoir pris Monaco sous son patronage. Depuis que, pour empêcher la Russie de dominer dans la mer Noire, on a ouvert le Bosphore et les Dardanelles, les flottes russes émancipées évoluent dans la Méditerranée, et ont établi une station navale à *Villafranca*, sur les côtes de la Sardaigne. Tous les ans, l'impératrice douairière de Russie, ou tout au moins une grande-duchesse, vient à Nice passer l'hiver, donnant ainsi un prétexte à la présence d'une escadre russe dans les eaux du golfe de Gênes. L'Angleterre s'en émeut, et plusieurs agents diplomatiques de bonne volonté surveillent à Nice les menées de la Russie. On attribuait même au czar le projet de créer un nouveau Sébastopol dans la mer Tyrrhénienne, en achetant le port de Villefranche et le rocher de Monaco. Mais le prince actuel, Charles III, a protesté dans le *Journal de Monaco*, moniteur officiel de la principauté, contre cette prétendue cession de ses Etats. En attendant, l'état-major des vaisseaux russes opère des descentes continuelles, et perd ses roubles à la roulette de la principauté.

Les Russes sont passionnés pour le jeu. L'un d'eux, prévoyant le cas où les banques d'Europe seraient toutes fermées un jour par ordre supérieur, disait à un croupier : « La mer est libre, d'après le traité de Paris. Un navire, non pas de guerre, mais de jeux, ne pourrait-il pas en se tenant à portée de canon des ports, recevoir à son bord les joueurs du continent, et tailler à chaque marée un trente et quarante maritime. La banque ne sauterait plus, mais elle serait exposée à faire naufrage. Des vaisseaux-roulettes seraient en permanence devant les ports du littoral, à Marseille, à Barcelone, à Lisbonne, au Havre, à Dieppe, à Ostende, à Brighton, à tous les bains de mer... »

Le Russe, partisan de la liberté des mers, compte sans le droit de visite qui ne permet pas d'avoir à bord des cartes autres que des cartes marines, et saurait empêcher l'émigration de l'or et la traite des billets de banque.

A part le jeu et les bains de mer, la vie n'est pas très-gaie à Monaco. Parmi les distractions du pays, un guide du voyageur cite la procession du vendredi saint dans laquelle toute une troupe de pénitents met en scène, comme au moyen âge, le drame lugubre de la Passion. En temps ordinaire on en est réduit à la promenade sur la grève ou dans les sentiers qui gravissent les corniches à pic du littoral. La température moyenne est encore plus élevée à Monaco qu'à Nice : aussi les pâles jeunes filles, qui frissonnent à la moindre brise, comme les peupliers d'Italie, préfèrent à la plage tempérée de Nice l'espalier de marbre de Monaco où leurs poitrines haletantes aspirent un air plus tiède encore.

La partie médicale a été l'objet des soins les plus attentifs. Un dépôt constamment renouvelé de toutes les eaux minérales en usage, permet aux malades de commencer ou de continuer, à Monaco, leur traitement thermal, suivant la prescription du médecin. Ils peuvent même, selon la nature de leur affection, la compléter par une médication particulière appliquée souvent avec succès.

Le traitement à la mode, cet hiver (car il y a une mode pour les remèdes), c'est la cure des oranges. On fait en Allemagne la cure du raisin ; en Suisse, la cure du petit lait; en Normandie, la cure du cidre doux : je connais même un médecin sérieux qui pratique à Bruxelles, avec succès, la cure du pain d'épice.

La cure des oranges fera peut-être un jour la fortune de Monaco et des petites villes environnantes.

L'oranger fleurit en avril et termine sa floraison en mai. Les marchands achètent, d'ordinaire, les oranges sur l'arbre, dès qu'elles sont formées. Les fruits destinés à l'exportation sont cueillis verts; ils mûrissent et jaunissent en route. Ils sont donc, sous le rapport de la saveur et des propriétés hygiéniques, très-inférieurs à ceux qu'on laisse mûrir sur l'arbre et qu'on ne cueille qu'au fur et à mesure des besoins. Les oranges les plus estimées sont celles que l'on récolte de novembre à avril.

Une famille allemande, installée à Menton, avait affermé la récolte des oranges sur pied de toute une villa. Deux enfants que la science impitoyable avait condamnés à mourir, ont été soumis pendant six semaines au régime exclusif des oranges mûres pour nourriture et de l'orangeade comme boisson. Ils vivent encore, ce qui est considéré comme un miracle par les docteurs de la faculté.

Si cette cure originale se propage, l'orange de santé détrônera la *Valence*, et nous entendrons, l'hiver, les marchandes de Paris crier dans les rues : « A la monaco! les belles oranges! à la monaco! »

THERMÆ MINORES.

Les eaux d'Acqui. — Boues minérales. — Challes-en-Savoie. — La Porretta. — La Naïade transformée en Vestale. — Ischia. — Le *Gurgitello* et la *Citara*. — Les Etuves de Néron. — La Grotte du Chien. — La Grotte d'Ammoniaque. — La Baignoire du Vésuve.

Jadis, l'Italie était couverte de thermes. Les Romains, baigneurs quand même, avaient creusé des étuves partout où ils rencontraient des eaux thermales. Il leur suffisait que l'eau fût chaude et ils n'attachaient pas autant d'importance que nous à la vertu minérale et thérapeutique. Beaucoup de sources renommées dans l'antiquité ne donnent à présent que de l'eau claire. Celles d'Aix en Provence, qui guérirent le proconsul Sextius, servent aux ménagères provençales à faire leur lessive. Aix est aujourd'hui plus célèbre par ses huiles que par ses eaux.

Acqui, en Piémont, a aussi une étymologie thermale. C'est une petite ville d'eaux située dans les montagnes, non loin des sources de la Bormida, entre Gênes et Alexandrie.

Voici en quels termes M. le chevalier Granetti, médecin des eaux d'Acqui, s'exprime sur la vertu de ces eaux thermales :

« L'expérience, plus encore que l'analyse, a démontré qu'elles sont spécifiques dans une foule de maladies chroniques, qui font le désespoir de la médecine ordinaire. Ainsi les maladies cutanées invétérées, celles qui intéressent le système lymphatique, les formes si variées de la scrofule, une foule de maladies chirurgicales y guérissent presque toutes infailliblement. L'usage de ces eaux et de ces boues est également très-salutaire dans les affections nerveuses. »

Acqui était autrefois très-fréquentée par l'aristocratie génoise. On n'y voit guère plus à présent que des paralytiques ou des rhumatisants. C'est le Saint-Amand de l'Italie. On y prend des bains de boue minérale pour certaines maladies cutanées. Le baigneur embourbé se rince ensuite dans le bouillon d'eau chaude (bolliente). Il n'y laisse pas toujours son mal, mais il y laisse quelquefois sa peau, — comme les serpents.

Challes. La découverte de Challes, en Savoie, est due au hasard. Ce sont des eaux toutes modernes. Moins heureuses, en effet, que les sources d'Aix, leurs voisines, elles devaient échapper à l'antiquité romaine, dont le génie fouilla cependant des étuves dans les illes les plus reculées de la terre ; elles devaient illir du sol , dont un mince caillou les avait sépa- pendant six mille ans, que par un caprice du rd.

savant, M. le docteur Domenget, cherche un dans une promenade matinale au pied de la agne , ces mille secrets de la nature qui font le et la joie du botaniste. Son pied poudreux, es- nt de déraciner quelque plante sauvage qui attire attention , soulève plusieurs cailloux séculaires, et aussitôt un filet d'eau jaillit à la surface du sol , loppant des émanations sulfureuses qui saisissent rat. La science y perd une plante peut-être , mais nanité y gagne un trésor ; et il était écrit, sans e, dans les décrets de la Providence , que la ce prédestinée attendrait , pour faire sa première rition, une époque où la science , marchant d'un plus assuré , pourrait lui rendre un juste et légi- hommage.

analyse a démontré, en effet, que les eaux de les sont les plus riches et les plus minéralisées de es les eaux sulfureuses connues. Elles contiennent de 500 milligrammes de sulfure de sodium ydre par 1,000 grammes d'eau. C'est une propor- vraiment phénoménale , et les Alpes vont faire rude concurrence aux Pyrénées.

A PORRETTA. Ce sont aussi des sources sulfureuses -fréquentées des cardinaux romains. Les brigands des Apennins s'y montrent quelquefois, pendant la belle saison. Le gaz qui s'échappe en bulles de la source principale s'enflamme au contact de la lumière. On peut réchauffer son bain en l'allumant comme un punch. Le feu sacré que les vestales ont laissé s'éteindre à Rome a été rallumé à la Porretta, en 1834, par un cordonnier nommé Spiga. La ville se trouve éclairée par un gazomètre naturel qui, depuis cette époque, n'a cessé de fonctionner.

Qu'Edmond About vienne dire maintenant que le peuple des Etats romains est obscurantiste !

Ischia. Dans le royaume de Naples on se baigne sur un volcan. Le Vésuve entretient çà et là des cratères liquides, que les Romains avaient jadis capté dans des étuves. L'île d'Ischia, la Pythécuse des Grecs, n'a que des eaux thermales, pas une source d'eau froide. Le *Gurgitello*, petit gouffre bouillonnant, a reçu un diplôme d'efficacité de l'illustre Dupuytren. La *Citara*, qui coule de toute antiquité, aide à la guérison des femmes stériles. Que de sources, en Europe, revendiquent cette vertu !

L'ancienne école de Salerne, voisine d'Ischia, recommandait le vin de *Lacryma-Christi* de préférence à l'eau, même minérale ; mais les Napolitains ont toujours été baigneurs, sinon buveurs d'eau. Il y a à Ischia tout un système d'étuves chaudes ou tièdes, sèches ou humides.

« A peu de distance de Pouzzoles, dit M. le docteur

Constantin James, non loin du cap Misène et de l'antre de la Sibylle de Cumes, se trouvent les étuves de Néron. Elles sont renfermées dans une excavation pratiquée sur le versant méridional de la montagne de Baïes, à quinze mètres environ au-dessus du niveau de la mer; on y accède par un sentier taillé dans le roc. Les flots baignent la base de la montagne, dont le sommet était autrefois couronné par un palais communiquant avec les étuves, au moyen de splendides galeries; il en reste encore plusieurs voûtes et quelques colonnes. C'est un des sites les plus beaux des environs de Naples. Devant vous apparaissent, au milieu de la mer, les débris du pont de Caligula, et, si vous promenez vos regards sur le golfe, vous rencontrez à l'horizon Ischia, Caprée, Sorrente et le Vésuve. »

L'étuve de Néron est une fournaise ardente où les touristes s'amusent à faire durcir des œufs. M. Magendie, qui descendit dans cet enfer, par amour de la science, faillit n'en pas revenir. La température s'y élève à 50 degrés. Celle de la source est de 85 degrés centigrades. J'ignore si ces étuves guérissent les malades; mais je sais qu'elles asphyxient les lapins, les oiseaux et généralement tous les vertébrés qu'on leur confie, en vue d'expériences physiologiques.

La grotte du Chien, à Pouzzoles, est célèbre par les hécatombes de ces fidèles animaux domestiques, victimes des émanations de gaz acide carbonique. Le *cicérone* actuel, ne trouvant plus de chiens dans le pays, est obligé de n'asphyxier qu'à demi l'animal qui sert aux expériences. La grotte d'Ammoniaque, voisine de celle du Chien, a du moins l'avantage de dégriser les ivrognes; elle guérit aussi les maux d'yeux, voire même la sciatique. On vient y prendre des bains de gaz.

Mais, si brûlantes que soient les étuves de Néron, et près de là le gouffre de la Solfatara, il est une baignoire plus infernale encore : c'est le cratère béant du Vésuve. Quelques Anglais, atteints d'un spleen incurable, et des Américains excentriques, renouvelant la folie d'Empédocle, se précipitent de temps à autre dans ce soupirail des enfers, pour y prendre un bain d'orgueil ou de philosophie.

LES EAUX D'ALLEMAGNE.

AIX-LA-CHAPELLE. — BADE. — EMS. — SCHLANGENBAD. —
SCHWALBACH. — WIESBADE. — ETC.

AIX-LA-CHAPELLE.

Grandeur et décadence d'Aix-la-Chapelle. — Charlemagne et le roi de Prusse. — Le congrès de 1818. — La Sainte-Alliance. — Le *Louisberg*, le *Rathhaus* et le *Kursaal*.— Rien ne va plus... à Aix-la-Chapelle. — Si ce n'est l'industrie des reliques.—Ce qu'on voit pour un thaler. — Les deux Marguerite. — Statistique thermale. — Un quadrille sulfureux. — La nouvelle Redoute. — Les moulins de Borcette. — Une dépêche incendiaire.— Armes parlantes de la Prusse royale.

On m'avait bien dit qu'Aix-la-Chapelle était morte, mais j'avais peine à le croire. Je me demandais comment avait pu déchoir à ce point la ville qui fut à une époque de barbarie la lumière de l'Occident, la métropole de l'empire carlovingien, cette seconde Rome dont Charlemagne avait fait la capitale unique de la Gaule et de la Germanie, en faisant graver cette inscription sur la porte de son palais :

« *Hic sedes regni trans Alpes habeatur, caput omnium provinciarum et civitatum Galliæ* [1]. »

Est-il bien possible, ô mon Dieu! que ce soit dans ce désert bâti, dans cette solitude habitée, que le grand empereur ait tenu jadis sa cour? Est-ce bien ici la ville enchantée pour qui l'époux de Fastrade avait une passion irrésistible; est-ce bien la cité impériale où tous les Césars allemands ont été couronnés, depuis le fils de Charlemagne jusqu'au frère de Charles-Quint? L'histoire le dit : il faut le croire.

Oui, vraiment, Aix qui, de par la bulle d'Or, avait le titre de ville libre impériale; Aix qui a vu se tenir dans ses murs vingt-cinq diètes de l'empire, onze conciles et un congrès; Aix qui a été dotée par Frédéric Barberousse et chantée par Victor Hugo, Aix n'est plus aujourd'hui qu'une sous-préfecture allemande.

Les derniers beaux jours d'Aix-la-Chapelle datent du congrès célèbre de 1818, où fut conclue la sainte-alliance des souverains, ce rêve mystique de Mme de Krudener... Le roi de Prusse, l'empereur d'Autriche et le czar de Russie, accompagnés de leurs ministres, s'étaient donné rendez-vous dans cette ville neutre, peuplée de grands souvenirs. C'était au mois de septembre. La saison avait été des plus brillantes; la ville

1. Ici sera, au delà des Alpes, le siége de l'empire, la capitale des provinces et des cités de la Gaule.

et les environs d'Aix étaient remplis d'étrangers de distinction, de curieux, de touristes, de courtisans et de spéculateurs, attirés par la magnificence du spectacle, par l'espoir d'y obtenir des faveurs ou d'y réaliser de gros bénéfices.

Sur le tapis vert du congrès, on discutait le sort de la France et le chiffre de la contribution de guerre qu'elle devait payer aux alliés. Il nous en coûta bien près d'un milliard. Les banquiers Hope et Baring escomptèrent notre rançon à 3 0/0, au cours de 67 fr. Lord Wellington, généralissime de la coalition, passa en revue les troupes alliées; et la ville d'Aix-la-Chapelle, reconnaissante, offrit aux souverains et à leurs ministres des fêtes, des banquets et des plats nouveaux, entre autres une *farce* célèbre qui a gardé le nom de la *sainte-alliance* dans les annales culinaires [1].

Au milieu des fêtes auxquelles donna lieu la présence des augustes hôtes, la joie publique fut troublée par la nouvelle d'un complot imaginaire tramé contre l'empereur Alexandre. Une bande nombreuse, postée sur la route d'Aix-la-Chapelle à Bruxelles, devait arrêter la voiture du czar, qui n'était pas escortée d'ordinaire, se saisir de sa personne, le forcer à signer un acte par lequel il se serait engagé à faire relâcher Napoléon captif, et à le rétablir sur le trône de France! En cas de refus, on devait garder le czar comme otage. Le projet était absurde; donc, on y

1. On connaît la sauce du faisan dite à la *sainte-alliance*.

ajouta foi. Les juges instructeurs s'en mêlèrent, et il s'ensuivit de nombreuses arrestations. Les vieux serviteurs de l'empire vaincu virent du moins avec une certaine satisfaction que le prisonnier de Sainte-Hélène, quoique désarmé, faisait toujours peur aux puissants monarques de la sainte-alliance.

Au sommet du *Louisberg,* colline d'où la vue s'étend sur trois petits royaumes, la Hollande, la Belgique et la Prusse rhénane, on montre, près d'un café-restaurant, une pyramide élevée en l'honneur des trois potentats qui jurèrent en cet endroit la perte de Napoléon et de sa dynastie. Ce monument ne fait pas la fortune de son cicerone.

Aix-la-Chapelle n'avait conservé de son antique prospérité qu'une source de revenus : c'était la ferme des jeux. Non pas que la ville en tirât un profit immédiat. La ferme était exploitée par le gouvernement prussien qui en affectait le produit à l'embellissement des édifices et notamment à la restauration du *Rathhaus* (Hôtel-de-Ville) et de la salle où se tint le célèbre congrès. Le *Kursaal* était alors un des plus fréquentés de l'Allemagne, et il recrutait en Belgique, en Angleterre et en France une nombreuse clientèle. Je me rappelle encore le temps où l'on arrivait en chaise de poste à Aix, sauf à s'en retourner en diligence, et à abandonner sa berline aux joueurs favorisés par le sort. Il s'est fait dans ces salons, aujourd'hui déserts, des fortunes presque aussi considérables et encore plus rapides qu'à la Bourse de Paris.

Je comprends jusqu'à un certain point que cette prospérité n'était pas d'une irréprochable orthodoxie. Le moraliste pouvait trouver que la cité de Charlemagne était profanée par une maison de jeu, et s'écrier, comme le poëte devant son tombeau :

« Charlemagne, pardon! ces voûtes solitaires
« Ne devraient répéter que paroles austères.
« Tu t'indignes sans doute à ce bourdonnement
« Que la *Roulette* fait devant ton monument. »

Par un sentiment de dignité et de convenance, le gouvernement prussien commença par exiler les jeux de l'édifice public et officiel, en les tolérant toutefois dans une maison particulière, et sous sa surveillance. J'ai encore souvenance de cette seconde période des jeux, de l'escalier dérobé par où l'on montait, en donnant son nom (quelquefois celui d'un autre), de la salle où se tenait la roulette et le trente et quarante. Les beaux salons du Kursaal n'étaient plus affligés par le voisinage de ce petit enfer, comme on disait alors à Aix : mais voici qu'aujourd'hui on regrette l'enfer, comme si c'était un vrai paradis. L'influence toujours croissante du parti des piétistes à Berlin a fait supprimer, à Aix-la-Chapelle, les jeux d'une manière absolue, irrévocable : voilà comment la ville est devenue un désert.

Des personnages honorables, et à leur tête le bourgmestre de la ville, sont allés en députation à Berlin, pour prier qu'on ne dépossédât pas le pays, au profit de Spa, d'un privilége acquis et qui faisait sa prospérité : on avait presque décidé un ministre semi-libéral à intervenir en faveur d'Aix : mais le roi de Prusse fut inflexible et la banque demeura fermée.

On essaya alors des jeux particuliers, comptant sur une sorte de tolérance occulte : plusieurs établissements admirent le jeu dans leurs arrière-salons : la police les traqua et les fit impitoyablement fermer ; en ce moment encore, la croisade continue et le parti en question remporte de temps en temps un facile triomphe.

On ne saurait trop approuver la conduite du gouvernement prussien, en ce qui concerne les jeux privés, qui, pour la plupart, ne sont que de véritables coupe-gorges ; mais je suis convaincu d'exprimer la pensée et les regrets de toute la population d'Aix-la-Chapelle, en déclarant que la suppression des jeux publics a diminué de moitié le nombre des baigneurs et des étrangers qui séjournaient dans cette ville, et de plus de trois quarts la dépense qui s'y faisait, — ce qui équivaut presque à la ruine du pays.

Aix a bien, comme compensation, une autre industrie : elle exploite les grandes et les petites reliques et le squelette de Charlemagne.

Les grandes reliques ne sont exposées que tous les sept ans. Dans l'intervalle, on ne fait d'exception que pour les têtes couronnées et les membres de la famille de Rothschild.

Les petites reliques sont seules montrées au public moyennant un *thaler* de pourboire. Elles se composent de la ceinture en cuir de Jésus-Christ ; d'une partie des cordes dont il fut lié; d'un fragment d'un des clous qui servit à l'attacher sur la croix; d'une partie de l'éponge qui servit à le désaltérer; d'un morceau de la verge dont il fut frappé; d'un anneau de la chaîne de saint Pierre-aux-Liens; des cheveux de saint Jean-Baptiste; des fragments de la verge d'Aaron; de la manne dont les Hébreux furent nourris dans le désert, etc., etc.

J'ai revu pour la troisième fois ces curiosités dont le suisse de l'église fait une exhibition perpétuelle: je me suis incliné devant le crâne et le tibia géant de Charlemagne, extraits, je ne sais pourquoi, de la châsse où sont déposées ses reliques; j'ai donné chaque fois le *thaler* de rigueur; mais, on aura beau faire, malgré l'élévation du tarif et l'âpreté au gain des cicérones, le *dom* d'Aix-la-Chapelle ne compensera jamais pour cette ville la perte de son casino de jeux.

Il y a à Aix-la-Chapelle un théâtre moderne construit dans ce style néo-grec dont l'architecture germanique offre les plus détestables modèles. Le fronton est orné de statues allégoriques et d'une inscription latine en lettres de cuivre ainsi conçue :

Musagetæ Heliconiadumque Choro.

J'ai voulu entendre le chœur des Muses, filles de l'Hélicon. Je suis entré au théâtre; on jouait la *Dame aux Camélias !* Hélas! pourquoi traduire en allemand le hoquet sentimental de Marguerite Gauthier, quand on possède la Marguerite idéale de Gœthe?

Les sources elles-mêmes d'Aix-la-Chapelle, qui, pendant des siècles, ont rivalisé de vogue et d'éclat avec les thermes les plus célèbres de l'Europe, sont tombées dans un abandon voisin de l'oubli. Elles ont cependant bien du mérite au point de vue historico-médical. La source de l'*Empereur*, où se baignait Charlemagne, a aussi reçu dans son bassin de marbre Charles-Quint et le grand Napoléon. La fontaine d'*Elise* tient son nom de la reine actuelle de Prusse, Elise de Bavière, dont le buste est placé sur une console de marbre blanc. C'est le lieu de réunion habituel des buveurs d'eau. Au milieu s'élève une rotonde portée sur des colonnes d'ordre dorique, et dont le toit, couvert de zinc, se termine par une pomme de pin. Des deux côtés s'étendent des galeries couvertes où l'on se promène en cas de mauvais temps. La place Frédéric-Guillaume, qui a été baptisée en même temps que la fontaine Elise, est belle et spacieuse. C'est là que viennent aboutir les boulevards et que se rencontrent les rares voitures publiques qui promènent les étrangers dans les rues désertes de la ville.

Outre l'établissement thermal, il y a encore à Aix plusieurs sources publiques ou privées : celles de *Büchel*, de *Saint-Quirin*, du *Bain-de-la-Rose*, la source *Sainte-Corneille* et l'ancienne *Trinkquelle* ou fontaine des buveurs. Toutes sont des eaux sulfureuses qui s'emploient avec succès pour le traitement des maladies de la peau, depuis le plus simple eczéma jusqu'aux herpès les plus invétérés.

Le proverbe dit : On *soufre* tout le monde aux eaux d'Aix-la-Chapelle. Baigneurs et baigneuses portent dans les réunions, au bal surtout, une odeur de soufre qui, malgré l'eau de Cologne et les parfums, trahit leurs plus secrètes affections. A la nouvelle Redoute, j'ai figuré dans un quadrille vraiment sulfurique. Les demandes et les réponses, les gants, les éventails, les mouchoirs, les bouquets eux-mêmes exhalaient la fleur de soufre. Je me suis rappelé le mot célèbre : Nous dansons sur un volcan.

O touriste, ô baigneur, avant d'entrer dans cet édifice, lis et médite son inscription : *Redoute!*

Cette nouvelle Redoute est moins un Casino qu'un café chantant. On paye en entrant, et l'on délivre à la sortie des contremarques. Au rez-de-chaussée, l'on donne des concerts ; au premier étage, se trouvent la bibliothèque, les salons et le cabinet de lecture ; au fond du jardin est une fontaine à filtrer, d'où jaillit, par un griffon, un maigre filet d'eau minérale.

La seule distraction des étrangers à Aix-la-Chapelle consistait, de mon temps, à aller voir tourner les moulins de Borcette : encore ne tournent-ils pas le dimanche.

Aussi les touristes qui vont de Paris à Cologne ou qui reviennent des bords du Rhin ne s'arrêtent guère plus à Aix. On passe outre, en saluant, du haut du viaduc qui domine la ville, le dôme qui recouvre le tombeau de Charlemagne. Et puis, il faut le dire, les autorités prussiennes ne sont guère aimables. Il faut presque autant de visas pour sortir d'Aix-la-Chapelle que pour rentrer en France.

Quand nous inaugurâmes la ligne directe de Paris à

Cologne, mon compagnon de voyage, Edouard Martin, un des gais vaudevillistes du Palais-Royal, voulait adresser de la station d'Aix à son collaborateur Choler une dépêche ainsi conçue :

« *J'arrive, j'arrive en galant paladin. Attends-moi gare restante, nous* BRULERONS *Spa en passant.* »

Jamais l'employé du télégraphe ne voulut transmettre la dépêche : « Ces tiaples te Frantshauzes, grommelait-il entre sa pipe et ses dents, ils feulent doujours dout prûler. » Et notre ami Martin faillit être arrêté comme incendiaire.

Sous la gare d'*Aachen* (c'est le nom allemand d'Aix), à côté d'une *restauration* en plein air, qui fait regretter le buffet d'Epernay lui-même, on a peint sur un écriteau de bois les armes parlantes du royaume de Prusse qui peuvent se blasonner ainsi : L'aigle noire à deux têtes, tenant, d'une serre, le globe, de l'autre, le sceptre, et brandissant les foudres..... de la neutralité.

BADE.

La poésie et la prose. — Une bonne fortune. — L'Académie de Bade. — Historiographes et chroniqueurs. — Romans et feuilletons. — L'*Illustration de Bade.* — Statistique thermale.

Bade est tout un poëme. On l'a chantée sur tous les tons, dans toutes les langues, en prose comme en vers. Un trouvère allemand l'a comparée.....

Au Paradis perdu,
Moins l'innocence et le fruit défendu.

Alfred de Musset a consacré à Bade quelques-unes de ses strophes les plus cavalières. Qui ne sait par cœur ce passage classique de la romantique pièce de vers intitulée : *Une bonne fortune?*

Apprenez-donc lecteur, que je viens d'Allemagne.
Vous savez, en été, comme on s'amuse ici ;
En outre, pour mon compte, ayant quelque souci,
Je m'en fus prendre à Bade un semblant de campagne.
— Bade est un parc anglais fait sur une montagne,
Ayant quelque rapport avec Montmorency.

Vers le mois de juillet, quiconque a de l'usage
Et porte du respect au boulevard de Gand,
Sait que le vrai bon ton ordonne absolument
A tout être créé, possédant équipage,
De se précipiter sur ce petit village
Et de s'y bousculer impitoyablement.

Les dames de Paris savent par la gazette
Que l'air de Bade est noble et parfaitement sain.
Comme on va chez Herbault faire un peu de toilette,
On fait de la santé là-bas ; c'est une emplette :
Des roses au visage et de la neige au sein,
Ce qui n'est défendu par aucun médecin.

Depuis Musset, tous les poëtes épris de villégiature ont célébré à l'envi les charmes de la moderne Sybaris. Méry, le Minnesinger français des bords du Rhin, improvise tous les ans des rimes sur Bade,

..... Ce parc de l'Europe où vingt peuples divers
Prévoyant, en été, les fléaux des hivers,
Guérissent tous les maux qu'ils auront, et vont boire
L'air pur de Lichtenthal et de la Forêt-Noire.

On ferait tout un album avec les odes, les sonnets,

les madrigaux, voire les épigrammes inspirés par la naïade poétique des eaux de Bade.

Les prosateurs n'ont pas manqué non plus, pour célébrer à l'envi ce charmant séjour. Bade a ses chroniqueurs, ses historiographes, sa petite académie ; M. Eugène Guinot en a été longtemps le secrétaire perpétuel. L'*Été à Bade*, livre-album, publié par M. Ernest Bourdin et illustré par Tony Johannot, Eugène Lami, François et Jaquemot, a été longtemps le guide classique de Bade et des environs. Il a eu plusieurs éditions, et a valu à son éditeur une grande médaille d'or de S. M. l'empereur de Russie.

Mais la mode a ses caprices, — à Bade surtout, — et l'album-livre de M. Coignet, paroles de M. Amédée Achard, édité avec un luxe plus grand encore par la maison Hachette, est désormais le texte explicatif, le livret officiel de cet opéra-féerie, monté à grand spectacle, qui a pour titre *Baden-Baden*.

La musique, le pinceau, le crayon, le sport, le turf, la chasse, l'escrime, la science elle-même, tout ce qui fait l'agrément de la vie et le charme de la société, semble s'être donné rendez-vous à Bade. Les salons de l'Europe y tiennent leur congrès international dans le palais de la conversation : les théâtres y envoient en vacances leurs artistes favoris ; les auteurs et les compositeurs en vogue se disputent un tour de faveur pour leurs œuvres représentées devant un auditoire d'élite. Berlioz y exécute ses symphonies à grand orchestre ; Clapisson, Victor Massé et Vogel y donnent la primeur de leurs opéras. Edmond About y a trouvé le sujet d'un roman d'esprit, le *Trente et Quarante;* Arsène Houssaye, le début d'un roman de cœur, *Mademoiselle Mariani;* Théophile Gauthier, Paul de Saint-Victor, Villemot, Siraudin, Albéric Second, Paul d'Ivoy, Edmond Texier, Xavier Aubryet, Louis Ratisbonne, Ed. Martin, Stéphen, Gustave Claudin, Emile Solié, le ban et l'arrière-ban du feuilleton, y butinent des anecdotes pour la chronique d'été; le Jockey-Club et la Société des Courses y disputent le Derby continental; Dantan y sculpte; Cham y dessine, Roger y chante; Vivier y donne du cor; Sivori y joue du violon; Ketterer y touche du piano; Grisier y donne des assauts d'armes; Léon Bertrand y chasse les cerfs.... on y courre même les biches. Trouvez-moi dans l'univers un lieu de plaisance comparable à ce séjour enchanteur?

Bade a désormais ses annales comme l'Académie des sciences. Je ne parle pas du *Badeblatt*, simple catalogue qui se borne à enregistrer les noms et les adresses des étrangers. C'est un journal irréprochable et qui, — même en France, — ne courrait aucun risque d'avertissement. L'*Illustration de Bade*, qui paraît depuis l'année 1858, et qui publie vingt numéros par saison, est le journal-album des touristes et le Moniteur semi-officiel de l'établissement. Il s'imprime en français à Strasbourg, chez M. Silbermann, et son habile directeur, M. Ch. Lallemand, en ouvre volontiers les colonnes aux chroniqueurs parisiens. L'*Illustration de Bade* a eu la primeur d'un des chapitres de ce livre : à mon tour, je lui emprunte la statistique suivante :

« Chaque année voit augmenter le nombre des étrangers qui affluent à Bade pendant la saison d'été. Il est curieux de voir l'accroissement successif des touristes et des baigneurs :

« En 1790, leur nombre était de. .	554
» 1800.	1,555
» 1810.	2,462
» 1820.	5,138
» 1830.	10,992
» 1840.	20,122
» 1850.	33,632
» 1855.	49,067
» 1856.	46,157

« Enfin, en 1857, le chiffre des étrangers s'est élevé à 50,097, qui appartenaient aux différents pays du monde dans les proportions suivantes :

Allemands.	18,368
Français.	15,908
Anglais.	5,595
Russes.	2,955
Américains du Nord.	2,447
Hollandais.	1,727
Suisses.	1,094
Belges.	741
Italiens.	650
Polonais.	453
Espagnols.	251

« L'Amérique du Sud, le Danemarck, la Hongrie, la Suède, le Portugal, les Indes, la Grèce, la Turquie, l'Egypte, la Chine ont fourni le complément du chiffre de 50,097.

« Sur ce nombre l'on a compté : 2 empereurs, 1 impératrice, 3 rois, 1 reine, 2 grands-ducs, 5 grandes-duchesses, 1 prince régnant, 16 princes, 12 princesses. Il est difficile de dire la quantité de ducs, de marquis, de comtes. Le chiffre des barons est incalculable. Ajoutons à cette liste les diplomates les plus renommés, des généraux illustres, des banquiers millionnaires, des artistes en réputation, et la foule des gens décorés de tous les ordres possibles. »

La saison de 1858 a vu inaugurer à Bade les courses de chevaux qui ont encore ajouté à l'éclat des fêtes.

La campagne de 1859 s'est ouverte sous des auspices moins favorables. La guerre d'Italie, qui a failli devenir européenne, devait effaroucher la colonie cosmopolite de Bade. Mais la diplomatie a tout calmé, et avec elle sont revenus les beaux jours de Bade. Le temple de Janus ne restait ouvert que pendant la guerre. Le palais de la Conversation ne s'ouvre, au contraire, que pendant la paix.

DE PARIS A BADE.

L'indicateur du chemin de fer : Epernay, — Vitry-le-Français, — Bar-le-Duc, — Commercy, — la Meuse et la Moselle, — Liverdun, — Nancy. — Le quadrilatère de la Paix. — Le passage des Vosges. — Saverne. — Strasbourg. — L'hôtel de la ville de Paris. — La cathédrale. — L'horloge astronomique. — La route de Kehl. — Le pont du Rhin. — Passage de la frontière. — *Badische-Eisenbach*. — Souvenirs de Turenne. — Arrivée à Bade.

Tout chemin mène à Bade. On y vient de Paris, de Londres, de New-York, de Vienne, de Saint-Pétersbourg; on y va par eau, par terre et par fer; par la Suisse ou par l'Allemagne, par les bateaux à vapeur du Rhin et par le chemin de fer de Strasbourg.

Cette dernière route est la plus fréquentée : c'est l'itinéraire classique de Paris à Bade.

Le voyage se fait en douze heures, l'intervalle que met une aiguille à faire le tour du cadran, le temps que l'on mettait autrefois à aller en chaise de poste de Paris à Orléans.

On prend ordinairement le train express, qui part à huit heures du soir. On achète, dans le salon d'attente, le *Guide du Voyageur*, ou un roman nouveau, et l'on s'installe dans un coin pour bien dormir.

La prosaïque vallée de la Marne offre bien par-ci par-là, aux environs de Château-Thierry, par exemple, quelques jolis paysages, au clair de lune; mais en général, on ne perd pas à traverser nuitamment les plateaux crayeux de la Champagne.

A Epernay (dix minutes d'arrêt), il est d'usage de déguster, au buffet, un verre d'Aï mousseux; c'est le plus mauvais champagne de toute la chrétienté.

La monotonie de la route et le sommeil des voyageurs ne sont interrompus, durant 100 kilomètres, que par les clameurs des vigilants employés de la Compagnie qui crient à tue-tête le nom des stations. Sous prétexte de réveiller les dormeurs, ils empêchent tout le monde de dormir.

C'est surtout à Vitry-le-Français que ces avertissements nocturnes deviennent insupportables. Le veilleur de nuit clame de sa voix la plus glapissante : Vitryi! Vitryii! On se réveille en sursaut, croyant entendre le cri matinal du vitrier parisien, et l'on regarde si, par aventure, les vitres du wagon ne sont pas brisées.

A Bar-le-Duc, autre musique : « Boîte de confitures, messieurs et dames, boîte de madeleines ! » tel est le refrain que répète au moins vingt fois en cinq minutes un jeune garçon du buffet, qui grimpe sur les marchepieds, baisse les glaces, lève les stores, ouvre les portières et ne les referme pas. La machine a sifflé, la locomotive part à fond de train, et dans le lointain l'on entend encore la plaintive complainte : « Boîte de confitures, messieurs et dames, boîte de madeleines. »

A Commercy, le train s'arrête quelques minutes entre un établissement de bains et une caserne de cavalerie. On a encore la chance d'être réveillé par la diane.

La Meuse serpente dans les prairies : ce n'est encore qu'une simple rivière, un chevreuil la franchirait d'un bond. A la voir couler si paisible entre les roseaux qui bordent ses rives, on ne croirait jamais que, rivale du Rhin, elle doive devenir un grand fleuve à Rotterdam, et porter sur ses eaux profondes les grands vaisseaux de la Compagnie des Indes néerlandaises.

La Moselle, petite Meuse, chantée par Ausone, est très-bruyante sur son lit de cailloux ; mais elle fait encore plus de besogne que de bruit ; car depuis les Vosges, d'où elle descend de chute en chute, elle donne le mouvement aux usines et fait tourner les moulins.

Liverdun-sur-Moselle est un des plus jolis paysages

de l'itinéraire. La ville, juchée sur une montagne à pic, et entourée de murailles, devait être imprenable au temps où il n'y avait ni artillerie ni zouaves. Le chemin de fer passe sur un pont; le canal de la Marne au Rhin sur un autre; un tunnel souterrain de 500 mètres, percé dans les flancs de la montagne, complète le tableau et montre, dans un cadre animé, les prodiges de l'art unis aux merveilles de la nature. Liverdun est un des mille endroits où le touriste capricieux désire — pendant cinq minutes — posséder une maison de campagne et finir ses jours. *Hoc erat in votis.*

C'est dans les environs de Toul que, d'ordinaire, on voit lever l'Aurore aux doigts de rose, ou, pour mieux dire, aux gants gris-perle, glacés par le brouillard du matin.

A la station de Frouard, changement de train pour MM. les voyageurs de la ligne de Metz et Forbach. Dix minutes après, un fracas épouvantable réveille encore les dormeurs. C'est le train qui piétine sur les plaques tournantes de la gare de Nancy : elles imitent le fracas du tonnerre comme le pont de Salmonée.

Nancy est une station de touristes. On s'y arrête volontiers pendant l'intervalle de deux convois, pour visiter en détail la *plus jolie ville de France.*

Nancy n'a pas volé sa réputation : c'est bien la plus jolie, la plus coquette, la plus élégante des villes françaises. Elle n'a qu'un petit défaut, c'est d'être trop régulière. Elle est coupée en angle droit, comme les cases d'un échiquier. Quand on entre par une porte, que dis-je, par un arc de triomphe, on en voit un second en perspective à l'autre extrémité. Les rues sont des avenues, les places des ronds-points, les maisons des monuments.

Nancy offre les types les plus complets de l'architecture du dix-huitième siècle. Supposez la place de la Concorde, entourée de constructions qui fassent pendant au garde-meuble et au ministère de la marine, et vous aurez une idée de la place Stanislas. C'est un ensemble symétrique d'édifices qui se correspondent deux à deux, un vrai quadrille architectonique. La mairie est en face de la préfecture; l'évêché fait vis-à-vis au théâtre.

Au milieu de ce quadrilatère pacifique s'élève la statue colossale de Stanislas Leczinski, ce pauvre roi de Pologne qui aurait pu être le lieutenant de Charles XII, et que les puissances du Nord *admirent* à faire valoir ses droits à la retraite. Mais comme Louis XV était son gendre, on lui donna la Lorraine à gouverner. La politique d'alors n'eût pas souffert ce fâcheux exemple d'un roi sans couronne, d'un prince sans Etats.

L'élégance des édifices publics se reflète sur les maisons particulières. Elles ont toutes un air de famille. Les hôtels sont confortables, les magasins coquets, les cafés splendides. La population, gaie et souriante, va et vient sur les larges trottoirs. La classe ouvrière elle-même a une physionomie particulière;

l'industrie de Nancy, c'est la broderie, et ce travail délicat ne noircit pas les mains des gentilles brodeuses qui... Mais arrachons-nous aux délices de la Capoue lorraine.

Le train se remet en marche, et le panorama de la campagne fuit des deux côtés du rail-way. A peine a-t-on le temps de voir en passant les clochers de Saint-Nicolas et les casernes de Lunéville, que déjà les cimes bleues des Vosges apparaissent à l'horizon.

Là commence la partie vraiment pittoresque du voyage. Au delà de Sarrebourg, et par une vallée qu'arrosent de nombreux ruisseaux, on atteint la chaîne des Vosges, qu'on traverse par le souterrain de Hommarting. L'autre versant est plus accidenté encore. La voie ferrée décrit des courbes et rampe comme un serpent, tantôt entre deux murailles de grès rouges taillées à pic, tantôt entre des collines boisées que couronnent des tours en ruine. Les tunnels se succèdent, et, à chaque issue, on coupe obliquement le canal de la Marne au Rhin, le chemin de halage et la Zorn, qui descend d'écluse en écluse jusqu'à la charmante vallée de Saverne, d'où elle débouche dans la grande plaine d'Alsace.

Saverne est encore un de ces angles souriants que chantent les poëtes et que rêvent les amoureux. Edmond About y a planté sa tente au milieu des étangs mornes et des vertes forêts.

Il y a à Saverne un château magnifique, ancienne résidence des évêques de Strasbourg, dont on a fait une maison de retraite pour les veuves des serviteurs de la patrie. Hélas! la guerre aura bientôt rempli les cellules de l'asile impérial. Les veuves de l'armée d'Italie auront au moins leur hôtel des Invalides.

De Saverne à Strasbourg, il n'y a qu'une étape de chemin de fer. On traverse une plaine fertile, des blés, des seigles, de vertes houblonnières et des champs de tabac. Les villages, éparpillés dans la campagne, ont déjà une physionomie allemande. Les maisons, orientées selon le caprice du propriétaire, tournent vers les quatre points cardinaux leurs pignons de bois et leurs assises angulaires de grès rouge. La population alsacienne, alerte et court vêtue, circule dans les chemins. Les paysannes, blondes et indolentes, disparaissent derrière les saules, en laissant voir leurs jupes écarlates et le ruban noir à ailes de chauve-souris qui attache leur coiffure.

On les accuse, à Paris, de n'avoir d'autre industrie que celle des petits balais. Elles en ont une autre. Elles font des défenseurs de la patrie... L'Alsace est une pépinière de généraux et de soldats; la nationalité y est plus énergique et mieux sentie peut-être qu'au cœur de l'empire, et toute allemande qu'elle est d'origine et de langage, c'est une des plus françaises de nos provinces. Turenne a battu les impériaux ici près, à Enthzeim : non loin de la station de Brumath, en 1793, les armées de la république ont remporté une victoire sur les Autrichiens. L'Alsace a pu être envahie; mais jamais elle n'a fait retour à ses anciens maîtres : depuis qu'elle s'est donnée librement à la France, Strasbourg a été la cité fidèle par excellence, et l'inexpugnable gardienne de la frontière du Rhin.

J'aime Strasbourg! C'est une grande et belle ville, serrée entre ses fortifications comme une forte femme dans son corset. Vauban l'a mise en état de défense, et le chemin de fer lui-même ne pénètre dans sa double enceinte fortifiée que par des poternes et des ponts-levis.

La gare, abritée par les remparts, arrive dans l'intérieur de la ville. Bientôt le chemin de fer, longeant les fossés de la citadelle, ira rejoindre le pont fixe de Kehl, et marier les deux rives du Rhin.

Après une nuit d'insomnie passée en chemin de fer, il est assez d'usage de s'arrêter à Strasbourg et de s'y reposer quelques heures. On se rend à l'hôtel de la Ville de Paris, magnifique caravansérail, où des valets de pied, cravatés de blanc, reçoivent le voyageur au bas d'un escalier monumental, et lui offrent une des cent cinquante clefs qui garnissent la loge du portier. Chaque clef ne doit ouvrir qu'une porte ; c'est son devoir. Quelle imagination n'a-t-il pas fallu au serrurier de l'hôtel pour donner à chacune d'elles une forme différente et des dimensions variées. On se perd dans cette gamme ascendante de clefs et de serrures. On s'égare dans ce dédale d'escaliers et de corridors, qui fait de l'hôtel de la Ville de Paris le pendant de l'hôtel du Louvre.

La première visite du touriste à Strasbourg est pour la cathédrale.

Ce magnifique monument est l'orgueil de la ville et de toute la contrée. La grande pyramide d'Egypte, qui le dépasse en hauteur de quelques mètres à peine, n'est qu'un amas de blocs informes : la flèche de Strasbourg, chef-d'œuvre de l'architecte Erwin, est l'édifice qui porte le plus haut dans les airs le témoignage du génie de l'homme et le signe de la rédemption.

L'intérieur de la basilique est des plus grandioses. Les magnifiques vitraux des croisées latérales ne laissent pénétrer dans la nef qu'un demi-jour mystérieux, une lumière colorée de toutes les nuances du prisme. La gravité du lieu devrait, ce semble, inviter au recueillement. Mais le touriste est de sa nature incrédule et bruyant, le touriste anglais surtout, qui se croit moins tenu au respect dans un temple catholique. Le bedeau est obligé sans cesse de rappeler à l'ordre et au silence les promeneurs de la cathédrale, dont les allées et venues et les réflexions mondaines, faites à haute voix, scandalisent les pieuses Alsaciennes agenouillées sur les dalles de l'église.

Il n'y a pas, dans toute la cathédrale de Strasbourg, de chapelle aussi fréquentée que l'horloge monumentale de M. Schwilgué.

Cette horloge, qui règle le soleil et la lune, n'est rien moins qu'un calendrier universel, l'almanach en action, le messager boiteux de Strasbourg, marchant droit et toujours comme le Juif-Errant. Ce cadran, par ses combinaisons multipliées, a tout prévu, le passé, le présent et l'avenir. Il marque le mouvement des astres, les éclipses, les fêtes mobiles, que sais-je encore? Il embrasse des périodes astronomiques de 25,000 ans : c'est le mouvement perpétuel. Les générations futures se lasseront de regarder ce comput éternel, ce défilé des heures qui doit pourtant avoir un terme : *Manet ultima cælo.*

Quand l'heure sonne, c'est toute une histoire. Les pieuses marionnettes de l'horloge astronomique commencent leur procession. Les quatre âges de la vie, sous des figures allégoriques, ont déjà tinté les quatre quarts : l'enfant d'abord qui ouvre la marche et prélude au carillon ; puis l'adolescent, armé d'une flèche, qui sonne la demie ; puis l'homme fait qui brandit un glaive et frappe les trois quarts ; enfin, l'homme mûr, le vieillard, laisse retomber quatre fois, sur le timbre sonore, la béquille de M. Flourens. Arrive la Mort, le classique tibia à la main. Elle sonne l'heure et rentre dans la guérite, d'où elle guette les malheureux mortels.

Au coup de midi, l'horloge joue le grand jeu. Les douze apôtres, y compris Judas, défilent devant Jésus-Christ et le saluent en inclinant la tête. Le coq perché au sommet de la tourelle bat des ailes, agite sa queue et chante trois fois, comme dans l'Evangile. Le bedeau fait la quête, et la foule se retire peu recueillie, en oubliant parfois de prendre de l'eau bénite.

Les amateurs vont visiter dans un petit musée, en face de l'église, les rouages inanimés de l'ancienne horloge, les moulages des anciennes sculptures de la cathédrale et un escalier de pierre évidé à jour, comme la flèche de la basilique.

Je fais grâce au lecteur des autres curiosités de la ville, n'ayant nullement l'intention de refaire le Guide du Voyageur à Strasbourg, et je me hâte de reprendre la route de Bade.

Il faut rejoindre la station de Kehl, et ce n'est pas une petite affaire. Deux genres de véhicules parcourent cet itinéraire : les citadines qui vont *piano* et l'omnibus qui va *pianissimo*.

L'omnibus part de la gare ou du bureau de la place Kléber et s'arrête à la porte de tous les hôtels. Une pancarte imprimée en trois langues et affichée dans l'intérieur de la voiture vous met au courant des droits et des devoirs du voyageur. Quand l'omnibus est complet, il sort de la ville, par la porte d'Austerlitz, et commence à trotter sur la chaussée qui conduit à Kehl. Cette belle avenue, plantée d'arbres séculaires, est la promenade favorite des Strasbourgeois. Sur un poteau indicateur qui se dresse à la bifurcation des deux routes, on lit cette fière inscription : *Route de Vienne*. Un peu plus loin se trouve un cimetière caché sous la verdure et les fleurs. Puis viennent les brasseries, les guinguettes, les gasthaus, étapes du piéton ; puis la citadelle et le polygone, avant-postes de la France.

Nous approchons du Rhin. Le voyageur qui fait, pour la première fois, la route de Strasbourg à Kehl s'impatiente ne ne pas voir apparaître plus tôt le roi des fleuves. Enfin, voici un pont. Ce n'est encore que le petit Rhin. Nous sommes dans l'île des Epis. A gauche est le champ de courses; à droite, le mausolée du général Desaix, mort sur le champ de bataille de Marengo. Les bords du Rhin sont parsemés de tombes illustres. Abatucci à Huningue; Desaix et Kléber à Strasbourg; Marceau à Coblentz, ombres héroïques, semblent garder encore la frontière de la France.

Cette fois, voici le grand Rhin, qui coule impétueux, derrière un rideau de peupliers. Le fleuve historique annonce sa présence par une maison de douane et par des charpentes en forme de potences qui servent de point d'attache aux amarres du pont de bateaux. La douane française vous laisse sortir avec armes et bagages, mais le bureau des passe-ports vous attend et juge si vous êtes digne de sortir de votre pays. Nous voici sur le pont ; nous allons quitter la France : moment solennel !

Ici se place une scène d'omnibus qui ne manque jamais de se reproduire à chaque voyage, et qu'on pourrait intituler : *Monsieur Prudhomme à la Frontière.*

Le voyageur français, et surtout le Parisien touriste, se font des pays étrangers la plus bizarre idée. Ils se représentent la limite de deux Etats comme une barrière formidable. J'ai moi-même ressenti cette émotion naïve. La première fois que je quittai la France pour entrer en Allemagne (*viâ Forbach*), je croyais voir se dresser devant moi, au moment où m'apparaîtrait la terre étrangère, quelque farouche Adamastor, gardien terrible d'une nationalité rivale.

Tout au moins m'attendai-je à trouver une grande muraille, comme celle de la Chine, avec des bastions, des tours, des pont-levis; je me préparais à me rendre maître de l'émotion qui ne manquerait pas de s'emparer de moi à l'aspect de la Germanie; je regardais en l'air, m'attendant à voir planer l'aigle noire aux deux têtes, emblème de la diarchie allemande; j'aspirais de toute la force de mes poumons l'air qui venait de l'étranger, pour lui trouver un arome exotique. Dans mon impatience, j'allais en avant, laissant à dix pas derrière moi mon compagnon de voyage, à qui j'avais bien recommandé de m'avertir au moment solennel où mon pied foulerait le sol germanique. J'allais ainsi le nez au vent, quand mon guide, qui s'était rapproché, me cria: « Halte! » Je me retournai.

Et l'Allemagne, lui demandai-je, elle ne viendra donc pas?

— L'Allemagne? — nous y sommes depuis vingt minutes!

— Allons donc! ce n'est pas possible!

Pour toute réponse, il me conduisit à un poteau qui se dressait à la bifurcation de deux routes. Ce poteau ressemblait à un grand mirliton en deuil: des bandes noires et blanches montaient en spirale du pied au sommet, et une inscription en caractères qui se rapprochent du vieux gothique s'y lisait pour ceux qui savent la déchiffrer.

Je m'attendais au moins à quelques mots profonds et mystérieux, comme le *nec plus ultra* des colonnes d'Hercule ou le *Mane Tecel Pharès* du festin de Balthazar. Il y avait tout bonnement sur l'écriteau, au-dessous de l'aigle noire aux ailes éployées, deux mots allemands que mon interprète traduisit ainsi :

Royaume de Prusse.

— C'est tout? lui dis-je.

— C'est tout!

Ainsi, quand j'ai quitté la France et le sol natal, rien ne m'a dit : « Tu quittes ta patrie ; ce pays n'est plus le tien. » Mon cœur n'a pas battu, la voix intérieure des pressentiments n'a pas parlé. O mon pays, je t'en demande pardon!

M. Prudhomme ne se laisse pas ainsi prendre au dépourvu : lorsqu'il franchit la frontière, il met la tête à la portière et guette de loin le poteau international. Dès qu'il l'aperçoit, il se recueille, et au moment où la voiture franchit cette ligne souvent imaginaire qui sépare les peuples, une exclamation s'échappe de sa poitrine : — Messieurs et mesdames, nous ne sommes plus en France!

Français, donc né malin, il ne manque jamais de railler le casque et l'uniforme du factionnaire badois, et de comparer dédaigneusement sa tenue à l'allure martiale du soldat français. Vous tous qui avez fait en omnibus le voyage de Strasbourg à Kehl, n'avez-vous pas chaque fois été témoins de pareilles scènes.

Kehl a eu beaucoup à souffrir des bombardements

et des invasions. Elle était autrefois une des forteresses de l'Empire ; mais on a rasé ses fortifications pour lui éviter la peine d'être prise d'assaut. Depuis qu'elle ne peut plus se défendre, elle ne craint plus les attaques de l'ennemi, et elle est cent fois plus heureuse. La population de Strasbourg l'envahit tous les dimanches, y sable la bière allemande et aspire la douce fumée du tabac défendu.

En attendant que le pont fixe du Rhin livre passage aux locomotives internationales, l'omnibus poursuit sa route, passe devant la petite cathédrale de Kehl, bâtie en grès sur le modèle de celle de Strasbourg, tourne à droite, traverse sur un pont de bois la Kinzig, qui descend de la Forêt-Noire, et débarque enfin ses voyageurs dans la cour du chemin de fer.

Cette fois, nous sommes bien en Allemagne. Un suisse badois, armé d'une canne de tambour-major, fait la police de la gare. La salle d'attente sert en même temps de restaurant. On a tout le temps d'y faire une collation, car le service est organisé de manière à ce que les omnibus arrivent presque toujours après le départ du train correspondant. On a si bien prévu ce retard habituel, qu'un convoi supplémentaire suit de près le convoi direct. De Kehl à Bade, il y a huit lieues à peine. Le voyage dure près de deux heures, et l'on change trois fois de voiture. Cette fois, les employés ne crient plus le nom des stations ; ils gardent le silence : c'est à chacun de connaître sa route et de s'arrêter à destination, au risque de remonter vers Bâle ou d'aller coucher à Carlsruhe. Il n'est donc pas inutile de renseigner le voyageur sur cette partie de l'itinéraire.

De Kehl à Apenweier, le chemin de fer se dirige en ligne droite vers les montagnes de la Forêt-Noire, en traversant des prairies et de riches cultures. La plaine du grand-duché de Bade est aussi riche que celle de l'Alsace. On l'appelle *das goldene land*, la terre d'or. Le train s'arrête à Kork et à Legelshurst, petites stations qui ressemblent à des chalets.

A Appenweier, l'on rejoint la grande ligne du chemin de fer badois, ouverte de 1840 à 1845, et qui va de Bade à Manheim : premier temps d'arrêt. Mais s'il est lent, du moins le service est exact, et le convoi passe à l'heure dite. La voie ferrée longe la base des montagnes, et dessert de nombreux villages. A gauche coule le Rhin, dont le lit sinueux est indiqué par un rideau d'arbres verts. De rapides cours d'eau descendent des hauteurs, se subdivisent en mille canaux et arrosent les prairies avant de rejoindre le grand fleuve. A chaque pas, on rencontre un site pittoresque ou un souvenir historique.

La France a toujours été à cheval sur le Rhin, un peu à la manière du colosse de Rhodes, et la rive allemande a gardé l'empreinte de nos étapes militaires. Depuis Strasbourg jusqu'à Bade, on pourrait, à la rigueur, prendre pour guide itinéraire le livre intitulé : *Victoires et conquêtes des Français*. Nos armées victorieuses ont parcouru à diverses reprises ces riches campagnes en y portant la dévastation et l'incendie. Nous avons beaucoup contribué, depuis Louis XIV, à doter le pays de ces ruines pittoresques qui font l'admiration du voyageur.

La troisième station du chemin de fer badois s'arrête devant la petite ville d'Achern, d'où l'on part pour visiter les cascades de la Forêt-Noire. Voici poindre entre les arbres le clocher de la petite chapelle de Saint-Nicolas, où sont déposées les entrailles de Turenne. Non loin de là est le champ de bataille de Salsbach, où ce héros fut tué d'un boulet de canon. Madame de Sévigné, dont la correspondance familière s'élève, en cette circonstance, à la hauteur de l'histoire, a raconté très-exactement la légende locale, — à moins que ce ne soit la légende elle-même qui ne se soit inspirée de la narration de madame de Sévigné.

Sur la hauteur où Turenne et Montecuculli, deux habiles tacticiens, jouaient la victoire aux échecs, au milieu d'une enceinte fermée par une haie vive entremêlée de beaux arbres, s'élève un obélisque de granit, haut de huit mètres, portant cette inscription : « La France à Turenne. » Sur les quatre faces du piédestal, haut de cinq mètres, se trouve le médaillon en bas-relief de Turenne, ses armoiries et le nom des batailles qu'il a gagnées : Arras, les Dunes, Sinzheim, Enthzeim, Thurkeim, avec cette inscription : « Ici Turenne fut tué le 27 juillet 1675. » Un autre petit monument indique la place où le grand capitaine tomba après avoir reçu le coup mortel ; c'est une simple pierre avec cette inscription latine : *Hic cecidit Turennius*. A droite de l'obélisque, une palissade en bois noir entoure un vieux tronc d'arbre mort.

Selon la tradition non moins fidèlement conservée par le gardien, — qu'elle fait vivre, — cet arbre est celui sur lequel ricocha le boulet qui tua Turenne, après avoir emporté le bras du marquis de Saint-Hilaire, lieutenant général de l'artillerie. Le tronc a été déchiqueté par le canif patriotique des pèlerins, des Anglais surtout. Il n'est pas jusqu'au boulet lui-même que l'on ne montre aussi dans une petite maison bâtie près de l'obélisque. Ce monument a été élevé, le 27 juillet 1829, par le cardinal de Rohan, alors évêque de Strasbourg.

Saluons, en passant, les coteaux de Bühl, dont les vignobles produisent le vin rouge d'Affenthaler, le bourgogne des bords du Rhin. Saluons aussi, à la station de Steinbach, la statue colossale d'Erwin, œuvre du sculpteur Friederich, qui fut élevée en 1844 sur une hauteur d'où l'on découvre la flèche de la cathédrale de Strasbourg.

Les montagnes se rapprochent : déjà, sur les hauteurs boisées, l'on aperçoit les ruines du château d'Yburg. On arrive à la station d'Oos : deuxième temps d'arrêt. On change une dernière fois de voiture, et, au bout d'un quart d'heure, le train, ralentissant sa marche, et à bout de vapeur, vient aborder dans la petite gare de Baden-Baden.

BADE.

SAISON 1856.

Le lever du rideau. — Bade *intra muros*. — Les hôtels. — Le palais de la Conversation. — La *Trinkhalle*. — Les bains pour rire. — La liste des étrangers. — Première représentation du *Sylphe*, de M. Clapisson. — Un commandeur d'opéra-comique. — Jacques Offenbach. — Emploi de la journée. — Promenades et excursions. — La Forêt-Noire.

Nous voici à Bade. Le rideau se lève sur un décor d'opéra-comique. A gauche, un torrent civilisé, qui murmure un accompagnement d'orchestre ; à droite, une perspective fuyante de jardins et d'hôtels. Au milieu de la scène, — c'est à dire de la route, — deux peupliers séculaires, entourés de bancs rustiques, et qui semblent avoir été plantés par le machiniste du théâtre grand-ducal.

Ce qui frappe surtout, dans l'aspect de cette petite ville aux allures de capitale, c'est l'étrange contraste qui existe entre le cadre et le tableau. Figurez-vous un pastel de Latour dans un vieux cartouche de chêne bruni. Rien n'est plus agreste et plus sévère que les environs de Bade : des montagnes boisées, de vertes prairies bordées de sapins, des lacs paisibles, des cascades bruyantes, et à l'horizon les cimes bleues des Vosges et les sombres mamelons de la Forêt-Noire. Voilà, à vol d'oiseau, le paysage, coupé en deux par le Rhin au cours sinueux et argenté.

Mais Bade *intra muros*, c'est bien différent. Les maisons sont peintes de toutes les nuances tendres imaginables, depuis le jaune beurre frais des façades jusqu'au rose tendre des pignons et au vert pistache des portes et fenêtres. Les murs ont le glacé des gants Jouvin; on les dirait crépis avec des glaces à la framboise et au citron. J'ai vu, à l'étalage de la Reine de Castille, des paysages à croquer qui ressemblent joliment à Bade. La contemplation de cette nature finirait, à la longue, par produire des confiseurs. Les villas voisines sont sculptées à jour et ouvragées comme des boîtes en marqueterie; les chaumières elles-mêmes (le peu qu'il y en a) sont encadrées dans des assises de grès rouge; le pavé de la ville est bleuâtre, le sable des allées jaune d'or, les contrevents verts, les toilettes de toutes les couleurs... et cependant Bade est encore plus coloré que cette description.

Au-devant des hôtels et des maisons garnies, règne une allée continue de lauriers-roses, de grenadiers et d'orangers en fleur. Tous ces arbustes, entre lesquels sont des bancs pour s'asseoir, donnent aux rues et aux places l'aspect d'un jardin. Quant au vestibule et aux escaliers des hôtels, ce sont de véritables serres tempérées, où l'on cultive des fleurs rares et des plantes grimpantes qui s'enroulent au milieu des statues, des groupes d'ornementation, et ont souvent l'avantage de masquer des fresques médiocres. Bref, tout ici a été habilement ménagé pour flatter la vue : c'est le paradis des yeux. Les hommes y viennent pour voir, les femmes pour être vues.

J'ai parlé des hôtels et des maisons. Que dirai-je des palais? car Bade a des palais, ni plus ni moins que Munich, Carlsruhe et toutes les petites capitales allemandes qui se disputent le titre d'Athènes moderne. Les Grecs et les Romains ont évidemment servi de modèles aux néothermes allemands. Le palais de la Conversation, construit en 1824 par Weinbrenner, est dans le style grec et orné d'un portique corinthien; mais, en architecture comme en amour, *non omnibus licet adire Corinthum*.

L'aspect en serait plus monumental sans le badigeon beurre frais, ce fard menteur qui a la prétention de conserver une éternelle jeunesse aux édifices. Mais ce qui est vraiment contemporain et de bon goût, dans la maison de Conversation, c'est la décoration intérieure, dont les panneaux ont été peints, à Paris, par MM. Séchan, Diéterle et Haumont, et dont le riche mobilier ferait envie à bien des résidences princières.

Il a fallu un Parisien, un capitaliste et un grand seigneur pour oser ainsi mettre les appartements de Bade sur le pied d'un château royal. Le salon Louis XIV, la salle Pompadour et le salon des fleurs rappellent par le haut style de leur décoration et leur exquise coquetterie, les splendeurs de Versailles et les fantaisies élégantes de Marly. Aussi Bade a-t-elle été dénommée à l'envi la merveille des bords du Rhin et la capitale d'été de l'Europe.

On y coudoie des souverains; les millionnaires y sont aussi nombreux que les artistes, et, dans chaque hôtel, on trouverait assez d'hommes d'Etat pour composer un ministère, voire même un congrès européen. Et cependant, Bade est le pays au monde où il est le moins question de politique et d'affaires. Les ministres s'y reposent de leurs travaux; les oisifs y vaquent à leurs plaisirs.

Et les malades, les infirmes, ceux qui prennent les eaux?

Il n'y en a pas, ou du moins ils se cachent, pour ne pas attrister, par leur présence, ces lieux enchanteurs.

Un vrai malade, qui viendrait à Bade étaler ses douleurs devant le palais de la Conversation, serait évincé au plus vite. La république de Platon reconduisait les poëtes à la frontière, en les couronnant de fleurs : La Faculté de Bade n'admet point d'infirmes :

elle ne les tue pas, Dieu merci; elle ne les expose pas, comme à Sparte, sur le mont Taygète; elle se contente de les exiler. Au besoin elle leur ferait une rente pour qu'ils aillent souffrir ailleurs.

Les malades qui s'obstinent à rester à Bade, on les guérit. Le docteur Gugert est un médecin sérieux que tout le monde consulte avec fruit. Le docteur Ruef a donné dans un petit livre d'excellents conseils sur l'usage des sources de Bade, dont les principales sont :

L'*Ursprung*, ancienne piscine romaine, 54 degrés;

La *Hollenquelle*, source infernale, 53°;

Le *Brühbrunnen*, 51°, derrière l'auberge du Lion rouge;

La *Source des Juifs*, 54°, située au-dessous du *Dampfbad*, bains de vapeur;

La *Murquelle*, 50°;

La *Fettquelle*, 51°;

Les *Bütten et Metziggquellen* (source des tonneliers et des bouchers), etc., en tout une vingtaine de sources thermales.

Les bains se prennent dans presque tous les hôtels; on boit les caux à la *Trinkhalle*.

La *Trinkhalle*, ou galerie des buveurs, est une pharmacie thermale où l'on trouve des échantillons de toutes les sources de l'Europe. On peut y déguster les meilleurs crûs de Vichy, de Plombières, de Spa, du Mont-Dor, de Carlsbad, etc.; en ce genre, c'est un établissement modèle, peut-être unique; mais en somme, il se boit à Bade plus de vin du Rhin que d'eau minérale. Là, comme ailleurs, ce qui guérit, c'est l'air pur, le doux climat et l'exercice, seul régime qui ne trouve point d'incurables.

La liste des étrangers à Bade est un appendice de l'armorial contemporain. Tout ce qu'il y a de noblesse en Europe se donne rendez-vous chaque année aux eaux du Rhin. Il faudrait être un d'Hozier pour s'y reconnaître au milieu de tous ces blasons. Mais si c'est lettre close pour le commun des martyrs, la science, ou plutôt le flair héraldique, ne fait pas défaut aux initiés qui savent fort bien se reconnaître ou se renier entre eux. On peut venir à Bade, s'y installer dans le plus riche hôtel, fréquenter le salon de Conversation, y afficher des airs aristocratiques et coudoyer la société d'élite qui s'y donne rendez-vous, on n'échappera pas au contrôle de cette franc-maçonnerie nobiliaire qui, sachant son monde par cœur, s'entend à merveille à évincer les intrus et trouverait moyen de faire bande à part, même dans ses propres salons.

Les Russes tiennent ordinairement, à Bade, le haut du pavé. Ils y triomphaient, en 1855, de la résistance de Sébastopol et fraternisaient avec les officiers autrichiens et prussiens. Le couronnement de l'empereur les a, l'année suivante, retenus ou rappelés à Saint-Pétersbourg ou à Moscou. M. de Morny, qui a passé plusieurs jours à Bade avant de partir pour son ambassade, a emmené avec lui quelques retardataires. Les noms de M. le comte Kisseleff, du baron Osten-Saken et du prince Gortschakoff, figuraient sur les listes de cette saison, à côté de ceux des Dolgorouki, des Potocki et des Radzivil. La Prusse a envoyé à ce congrès du plaisir M. le comte Blücher, M. de Budberg et l'élite de la société de Berlin. L'Angleterre était noblement représentée par lord Elliot, lord Cécil, lord Walpole, le marquis et la marquise Ely, qui faisaient cortége au duc et à la duchesse de Cambridge. M. Ed. Benazet réunit dans ses salons et à ses concerts priés les plus grands noms de France : les Bauffremont, les Béthune, les La Trémouille, M. de Marcellus et le comte de Larochefoucault. Les rois de la banque ont ici quelques représentants ; le chef de la maison Rothschild de Francfort, les Ratisbonne de Strasbourg et les Oppennheim de la branche allemande.

Les fêtes de Bade donnent le ton à l'Europe et font époque dans les annales du plaisir. A chaque saison, M. Bénazet réserve à ses invités une nouvelle surprise. En 1856, il a dépensé 40,000 francs pour leur offrir la primeur d'un opéra inédit de M. Clapisson, le *Sylphe,* qui a été joué l'hiver suivant à l'Opéra-Comique.

Le poëme, qui est cependant de M. de Saint-Georges, manquait un peu d'originalité. Une jeune fille, élevée par sa tante dans des idées romanesques, entend chanter un sylphe dans son cœur. Arrivée à l'âge de se marier, elle épouse, les yeux fermés, un officier de marine qui jure à bord, chasse à terre, boit partout et chante à tue-tête des couplets sur l'air *tontaine, tonton*. Ce n'est pas là, comme bien on pense, le sylphe qu'elle avait rêvé. Un cousin de la jeune femme incomprise voudrait bien jouer à son profit le rôle de sylphe, mais il est déjoué par un de ces vieux commandeurs d'opéra-comique, qui ont toujours une voix de basse au service de la morale et élèvent des rosières, un peu comme on élève des poulets... pour les croquer. Cependant, la petite marquise se console de son mariage en écoutant dans les bosquets la voix de son sylphe bien-aimé. O bonheur ! le personnage aérien consent à déposer ses ailes et à prendre une forme humaine. Or, ce beau sylphe si aimé, si aimable, cet ange des célestes amours... vous l'avez deviné... c'était le mari. Voilà la pièce.

Sur cette donnée un peu vulgaire, M. Clapisson a brodé une jolie partition que Mlle Caroline Duprez a chantée à ravir. On y remarque de délicieuses vocalises et des romances pleines de sentiment. Monjauze, le ténor du Théâtre-Lyrique, a rendu avec beaucoup d'entrain et de passion le rôle du mari-sylphe, et Prilleux a donné une rondeur comique au personnage du commandeur. J'allais oublier Mlle Mira, une petite-fille du vieux comédien Brunet, qui s'est fort bien tirée d'un rôle épisodique. La pièce a été jouée devant un parterre de princes. La famille royale de Prusse et plusieurs souverains d'Allemagne assistaient aux deux premières représentations ; le duc et la duchesse de Cambridge étaient à la troisième, et l'on en a donné une dernière en l'honneur de la grande-duchesse Stéphanie de Bade.

Dans le salon des Fleurs, un concert a été improvisé par Offenbach et quelques artistes de la colonie, car il y a toujours des virtuoses à Bade, et l'on pourrait y composer sans peine une académie de musique et un conservatoire d'été. Le directeur des Bouffes-Parisiens, que ses dernières opérettes ont rendu populaire même en Allemagne, dans le pays de la musique savante, a exécuté sur le violoncelle quelques-unes de ses meilleures compositions. Il était secondé par la harpe de Pollet et par un pianiste de l'école de Listz, M. de Bulow, dont le talent large et expressif est très-apprécié des *dilettanti* allemands.

L'emploi de la journée, à Bade, est tout un programme qui varie suivant la fortune ou le caprice des touristes et des baigneurs. Dès le matin, après avoir bu un verre d'eau ou une tasse de petit lait pour l'acquit de sa conscience, on se promène dans les allées du parc, ou dans la magnifique avenue de Lichthenthel, aussi large et plus ombreuse que celle des Champs-Elysées. Les uns déjeunent au jardin de l'Ours, sous la tonnelle; les autres reviennent déjeuner chez Weber.

En avant de la maison de Conversation s'élève un kiosque élégant où l'orchestre de Bade et des musiques militaires allemandes jouent l'après-midi des valses et des symphonies. A droite est la librairie Marx, et le salon de lecture; à gauche, la galerie des fumeurs. Ce côté est plus fréquenté que l'autre.

Les allées inférieures du parc sont bordées de baraques de bois qui en font une foire perpétuelle. On y montrait, en 1856, la fameuse baleine pêchée au Havre, et qui a fait son tour de France. L'affiche portait que ce magnifique cétacé a soixante pieds de longueur, et la baraque qui le renferme n'a guère que trente pieds de long. Explique qui pourra ce problème de capacité. Du reste on ne rencontre à la foire de Bade ni saltimbanques, ni hercules du Nord, ni escamoteurs : on voit qu'un sévère contrôle en a écarté tout ce qui pourrait choquer la vue et ôter à la promenade du parc son cachet d'élégance.

La foire est surtout marchande, comme celles d'Allemagne ; on y vend aux étrangers les modes de France et les articles Paris ; aux Français, des cristaux de Bohême, des gants du Tyrol, des bijoux d'agate, des objets de bois sculpté et des horloges de la Forêt-Noire. Personne ne quitterait Bade sans emporter une petite pacotille de ces souvenirs, qui, grâce à la douane, ont doublé de prix quand ils sont en France. Il est vrai que la crinoline facilite la contrebande. On cite une actrice du Palais-Royal qui a passé sous ses jupes bouffantes tout un service de dessert en verre de Bohême.

Bade a sa colonie littéraire et artistique qui se recrute parmi les musiciens en vacances et les externes libres des journaux. Eugène Guinot (déjà nommé) est connu à Bade comme Alphonse Karr à Sainte-Adresse ; il est naturalisé Badois et a fait connaître son pays d'adoption aux lecteurs du *Siècle* et du *Pays*, qui n'ont pas tous occasion de le visiter. Méry y a établi son quartier d'été; Amédée Achard y a aussi reçu ses lettres de grande naturalisation. Il a peint Bade sous tous ses aspects, comme un lapidaire taille un diamant sur toutes ses facettes, et après mille variations brodées sur ce thème toujours rajeuni, le fécond chroniqueur, loin d'être à bout d'esprit, trouve encore le moyen d'en prêter à d'autres.

Le livre de l'*Eté à Bade* et l'album de M. Coignet me dispensent de parler longuement des excursions dans les environs de ce beau pays, qui peut rivaliser avec la Suisse et le Tyrol pour la variété pittoresque du paysage. De vieilles mais solides calèches à deux chevaux vous mènent sagement aux endroits indiqués par le *Guide des Voyageurs*. On monte d'abord au vieux château *Alte-Schloss* : c'est la promenade classique par excellence. On peut s'y rendre à pied par une belle route bordée d'acacias et en traversant une magnifique forêt de sapins. Partout il y a des bancs pour s'asseoir, des tables pour faire un repas champêtre.

Au vieux château de Bade, on retrouve encore des souvenirs de la France, tristes souvenirs, puisque pendant la cruelle guerre du Palatinat, en 1689, ce sont nos troupes, commandées par le maréchal de Duras, qui le prirent d'assaut et le ruinèrent de fond en comble. Mais, ma foi ! les ruines en sont si belles, que je ne sais pas trop si l'on doit leur en vouloir.

Je ne connais pas de ruines plus confortables que celles du vieux château. On y monte par des rampes très-douces et des escaliers solides, munis de garde-fous conduisant jusqu'à la terrasse, d'où l'on jouit d'une vue admirable sur la vallée du Rhin, les Vosges et les montagnes voisines. Avec une lunette, on distingue parfaitement la flèche de la cathédrale de Strasbourg.

Une autre excursion très-suivie est celle du château d'Eberstein, maison de plaisance du grand-duc, située sur une hauteur qui domine la vallée de la Murg et la petite ville de Gernsbach. De ce coté, la vue s'étend sur toute la Forêt-Noire jusqu'aux montagnes de Wurtemberg. Au pied de la hauteur, couverte de vignobles, est le Klingel, petite chapelle dont la cloche sonne d'elle-même quand une personne des environs est en danger de mort.

L'Allemagne est le pays du merveilleux, et les légendes y fleurissent partout comme des buissons d'aubépine. Ici c'est le *Mummelsee* ou lac des fées qui habitent au fond de ses eaux noires; là c'est la chaire du diable qui vint prêcher l'impiété sur un rocher du Stauffenberg et y fit bon nombre de prosélytes. Plus loin, c'est le rocher de l'ange qui fit, à son tour, entendre la parole de Dieu et arracha ces pauvres âmes aux griffes de Lucifer. Toutes ces légendes sont peintes à la fresque, sous la galerie extérieure de la *Trinkhalle,* par des artistes allemands. On est en train de les réparer. Enfin, les belles dames ne manquent jamais de faire un pèlerinage à la Favorite, et de visiter dans cette villa mondaine la cellule austère où la princesse

Sybille expiait, pendant le saint temps du carême, sa vie légère de toute l'année. « Il fallait, dit M. Guinot, que les péchés eussent été bien doux pour que la pénitence fût si rude. »

L'itinéraire des touristes est plus capricieux que toutes ces promenades *recommandées*, et le piéton qui se sent de bonnes jambes ne manque jamais de faire le grand voyage de la Forêt-Noire. Moi aussi, j'avais des illusions sur cette contrée. Je me figurais une forêt vierge où la cognée du bûcheron n'avait jamais pénétré, des loups hurlant dans les clairières et des habitants plus sauvages que les loups.

Je m'attendais presque à des aventures extraordinaires, à des nuits passées à la belle étoile ou sous la hutte d'un charbonnier, à des rencontres avec des brigands, des chauffeurs, que sais-je! Hélas! il n'y a pas le plus petit brigand dans la Forêt-Noire; il n'y a pas même de gendarmes. Les habitants sont doux, hospitaliers, industrieux : ils fabriquent des chapeaux de paille, des horloges de bois, et se nourrissent de laitage. Leurs huttes sont des chalets bien plus habitables que les cabanes de nos paysans. Les hommes ont un costume pittoresque qui date du dix-huitième siècle; les enfants savent tous lire et écrire, et dans le plus petit hameau, il y a un maître d'école.

Quant à la forêt elle-même, elle est cadastrée, aménagée; on sait combien elle a d'hectares. Les routes sont sablées comme les allées d'un parc, et par instants on se croirait au bois de Boulogne. Dans les

BIBLIOTHÈQUE IMPÉRIALE

gorges les plus sauvages, vous trouvez un restaurant; des ponts en bois tordu franchissent les précipices; des escaliers sont pratiqués aux rochers; il y a des bancs devant les cascades. On voit bien que le pittoresque est une des principales industries du pays. Aussi, vous tous qui cherchez les spectacles grandioses, les vives émotions, la nature abandonnée à elle-même, croyez-moi, n'allez pas dans la Forêt-Noire.

BADE.

SAISON 1857.

Baden-Baden, ville française. — Il faut faire la part de l'eau. — Les fantaisies d'Esculape. — Cures originales. — Bains de bourgeons de sapin. — Les eaux complaisantes. — Physionomie de Bade. — Le vieux cimetière. — Encore la Forêt-Noire. — Le concert monstre de M. Berlioz. — La musique autrichienne. — Les toilettes tapageuses. — *Plus de Demi-Monde!* — Le *Cousin de Marivaux.* — *Suzanne.* — La *Rose rouge.* — La *Comédie de salon.* — Les chasses d'automne. — Fêtes agricoles de Canstadt.

En dépit des traités de 1815 et de sa double étymologie allemande, Baden-Baden a été de tout temps une ville française. Non pas que la société parisienne y soit plus nombreuse que celle de Berlin, de Vienne, de Londres, de New-York ou de Saint-Pétersbourg; mais elle y domine en raison de la suprématie réelle qu'exerce la France sur tout ce qui tient aux arts, à la mode, aux plaisirs intellectuels. Le français est à Bade la langue de la conversation : c'est en français que l'on joue la comédie et que l'on chante l'opéra. Notre langue claire et concise est celle de la diplomatie; elle est aussi celle de la conversation. C'est un Français qui est l'ordonnateur suprême de ces fêtes merveilleuses qui font de Bade le salon de l'Europe et un lieu de perpétuels enchantements.

Il n'y a d'allemand, à Bade, que la médecine : elle n'en est que plus sérieusement faite. La colonne votive, élevée sur le mont Mercure par un malade reconnaissant, fait l'éloge de la vertu curative des eaux de Bade. Les Esculapes de céans ne sont pas seulement de savants docteurs, ce sont des hommes d'imagination. Ils ont découvert dans les eaux de Bade une substance mystérieuse, la *barégine*. Ils ne sont pas exclusifs comme certains médecins des eaux, qui déclarent que, hors leur bain, il n'y a point de salut. Non contents de se montrer éclectiques, au point d'admettre dans la *Trinkhalle* les eaux minérales de tous les crûs (tolérance qu'on ne trouverait pas ailleurs), ils conforment leurs ordonnances au caprice et à la fantaisie des malades; ils font des cures de petit lait, des cures de cerises, de raisin, de fraises, de pêches; que dis-je! ils ont imaginé un remède dont on ne se serait jamais douté, les bains balsamiques aux bourgeons de sapin.

J'ai voulu expérimenter ce mode de balnéation, et, confiant dans les prescriptions de M. le docteur

B...., je me suis rendu à l'hôtel du Cerf, où l'on fait cette cure originale. J'en ai rapporté une odeur de résine qui m'a poursuivi pendant trois jours, et m'a presque interdit l'entrée du salon de Conversation. Imaginez une étuve où l'on distille de l'essence de térébenthine. Les pousses de sapin, cueillies au moment de la séve, sont cuites au bain-marie, et cette décoction résineuse se mêle à la vapeur de l'eau minérale. L'action de ces bains est, dit-on, très-efficace sur les jeunes personnes douées d'une faible constitution ; on assure, de plus, qu'elles guérissent les extinctions de voix, l'asthme et les maladies des organes respiratoires.

J'aime mieux les bains dits à la lame ou à vagues, que l'on prend dans quelques établissements de Bade, à l'instar des bains de mer. Vous croyez entrer dans la vanne d'un moulin à eau, vous êtes dans une piscine, et la roue hydraulique vous asperge d'une douche tiède et écumante. On trouve de ces bains à la vague tout le long, le long de la rivière d'Oos, Mançanarès allemand qui promène son maigre filet d'eau entre deux quais magnifiques, et semble tout étonné de passer sous des ponts.

La science médicale ne veut pas admettre que les eaux de Bade soient classées parmi les eaux dites *complaisantes*. On a soumis les naïades du Schlossberg à une analyse chimique qui les range parmi les eaux thermales salées alcalines. Le docteur Kolreuter y a trouvé du muriate de soude, du sulfate, du muriate et du carbonate de chaux, du muriate de magnésie, de la silice, du sous-carbonate de fer et jusqu'à de la matière organique. C'est cette dernière substance, connue des savants sous le nom de *barégine,* qui donne aux eaux la saveur d'un léger bouillon de poulet. Ces substances n'existent, dans tous les cas, qu'à des doses homœopathiques, puisque sur un litre d'eau, l'*Ursprung*, la principale source de Bade, ne contient que 3^{gr},010 de principes fixes. Il faut donc ranger ces eaux, comme celles de Plombières et beaucoup d'autres, parmi celles qui agissent d'une manière empirique et semblent, par la faiblesse même de leur minéralisation, fournir un argument à l'homœopathie. On ne saurait nier, à cet égard, que les eaux de Bade n'exercent une certaine action sur l'organe digestif, et ne soulagent le rhumatisme et la goutte. Mais elles excellent surtout à guérir cette maladie endémique qui tous les ans s'attaque aux jeunes femmes vers le milieu de l'été, et dont le remède se trouve, non pas à la *Trinkhalle,* mais au palais de la Conversation.

Voilà le véritable terrain à Bade, pour les docteurs comme pour les malades; et maintenant que nous avons fait la part de l'eau, revenons un peu à ce qui fait le charme de ce pays privilégié.

On l'a dit et répété sur tous les tons, Bade est un Eden. Les merveilles de la nature, les plaisirs de la société s'y trouvent réunis et l'on peut, selon ses goûts, y trouver le calme de la solitude ou l'entraînement des plaisirs. L'opulence y coudoie la médiocrité, et celui qui tente la fortune peut espérer d'arracher une plume à ce faisan doré qui s'appelle million. L'Allemand rêveur s'y complaît dans la contemplation des duchesses et des marquises ; le Parisien désœuvré dans la succession non interrompue des fêtes. La famille elle-même y trouve son compte : de paisibles retraites permettent d'y abriter un deuil récent, et de mystérieux ombrages dérobent aux yeux indiscrets les rayons dorés de la lune de miel. Aussi Bade est-il le séjour préféré des grandes douleurs, qui y trouvent l'oubli, comme des plaisirs, qui y rencontrent un joyeux écho. Ce n'est pas un pays ordinaire; c'est presque une patrie, et l'on se résigne volontiers à y finir ses jours. J'ai vu dans les archives d'un notaire du grand-duché le testament d'un seigneur lithuanien portant cette clause : « Je désire être inhumé dans le cimetière catholique de Bade, afin de trouver le repos de la mort là où, durant ma vie, j'ai goûté le calme et l'oubli des maux. »

Le vieux cimetière de Bade, en effet, est un délicieux jardin qui donnerait presque envie de mourir. Il est blotti comme un nid de verdure et de fleurs dans un ravin étroit, entre la rampe qui mène au château et la sentimentale allée des Soupirs. La muraille qui longe le chemin est une mosaïque de pierres tumulaires dont quelques-unes remontent au quinzième siècle. Un calvaire pittoresque; la scène du Christ à la montagne des Oliviers avec des personnages de grandeur naturelle; la statue d'un fossoyeur armé de sa bêche, qui du haut de sa colonne de grès rouge plane sur le champ des morts; une petite chapelle toujours éclairée par une lampe; des plates-bandes de fleurs, des massifs d'arbustes soigneusement entretenus par une main pieuse; de poétiques et naïves épitaphes qui pleurent et prient dans toutes les langues; voilà ce que j'ai vu dans ma promenade aux Champs-Elysées de Bade, où reposent d'illustres personnages à côté de noms obscurs : des amiraux anglais, des princes russes, des touristes français, des chanteurs italiens et des fiancées allemandes. Je n'ai gardé souvenir que de deux tombes : celle d'un prince Gagarin, et le monument funèbre élevé en l'honneur du général français Guilleminot.

Mais que vais-je parler de souvenirs funèbres dans un pays où tout respire la vie, la santé et le plaisir. Il y a maintenant quatre saisons à Bade, et chacune a son programme de fêtes. Au printemps, les baigneurs impatients assistent au réveil et au petit lever de la nature ; ils chassent, pendant les derniers jours d'avril, les gélinottes et les coqs de bruyères. La fonte des neiges arrive : les eaux de la Murg, retenues par de fortes écluses dans un vaste bassin, sont lâchées dans le lit du torrent, entraînant avec elles les énormes troncs d'arbres de la Forêt-Noire. Ces sapins, débités dans les scieries de Forbach, forment ensuite de légers radeaux qui glissent sur le lit mobile de la rivière, jusqu'au moment où on les réunit sur le Rhin en énormes chantiers flottants. J'ai rencontré, sur le grand fleuve, de ces immenses radeaux, longs quelquefois de 300 mètres et larges de 25, et dirigés, non sans peine, surtout dans quelques passages difficiles, par des centaines d'hommes. Les ponts de bateaux s'ouvrent pour leur livrer passage, et ils descendent ainsi jusqu'en Hollande, où leur bois est employé pour la construction des navires. C'est la Forêt-Noire qui alimente en partie les chantiers de Rotterdam, et tel sapin que vous admirez dans une promenade au château d'Eberstein, est destiné peut-être à devenir le grand mât d'un paquebot hollandais.

La Forêt-Noire est un bois de Boulogne dont Bade est le Pré-Catelan. A chaque pas dans ce parc anglais, vous rencontrez un banc, un kiosque, une table, dans la prévision d'un repas champêtre, une fontaine plus ou moins minérale, et, à côté du griffon de bronze par où l'eau s'écoule, un verre pour désaltérer le voyageur. C'est tout au plus si la coupe n'est pas en cristal de Bohême. Est-ce bien là cette sombre forêt où les francs-juges tenaient leurs formidables assises? J'ai cherché en vain des chauffeurs, des charbonniers, des huttes de feuillage dans le Schwartzvald; je n'y ai rencontré que des chalets, des moulins et des écoles primaires. Le kirsch-wasser, cette dernière illusion qui faisait croire encore à la Forêt-Noire, disparaît aussi chaque jour de cette contrée. Les merisiers ont leur oïdium, comme la vigne, et depuis quelques années l'eau de cerises est remplacée, même en Allemagne, par le jus grossier de la betterave. Il n'y a plus de brigands dans la Forêt-Noire, mais il y a toujours des brasseries et des aubergistes.

A Bade, il y a mieux que cela : il y a des hôtels de premier ordre où s'exerce cette hospitalité allemande qui est devenue l'industrie la plus lucrative du pays. En Allemagne, le métier de maître d'hôtel est une profession libérale, et les fils de famille élevés dans le *gasthaus* paternel, après avoir fait leurs études à Heidelberg ou à Tübingen, arborent bravement l'habit noir et la cravate blanche, pendant la saison des voyageurs. Les filles de la maison partagent leurs soins entre le piano et la lessive, et attendent la morte-saison pour célébrer leurs fiançailles. L'été, on n'a le temps ni d'aimer ni de plaire : on est tout entier aux étrangers. Toute la population indigène déménage à partir du mois de mai et se réfugie dans les greniers ou les sous-sols, cédant à l'étranger le logis, la table, le mobilier de famille et jusqu'au lit nuptial. Ah ! si Louvois et Monclar ont jadis impitoyablement brûlé le Palatinat, la France depuis a bien payé les frais de la guerre ! Il lui en coûte cher aujourd'hui pour contempler, sur les bords du Rhin, les ruines qu'elle a faites, et ces ruines ont plus rapporté de millions à l'Allemagne que Versailles n'en a coûté au grand roi.

Versailles est endormie aujourd'hui dans un pompeux sommeil. Bade, au contraire, semble avoir réveillé, au dix-neuvième siècle, le faste et l'élégance des anciennes fêtes royales. C'est une cour, moins le souverain ; ou du moins les souverains, rois, reines, princes, altesses, grands seigneurs, millionnaires, femmes élégantes, artistes, écrivains, y règnent tour à tour par l'éclat du nom, des titres, de l'opulence, du talent ou de la beauté. Dans ce petit royaume aristocratique, c'est le plaisir qui gouverne et la mode qui rend des décrets. Il faudrait la plume du paon du marquis de Dangeau pour écrire l'histoire des Saisons de Bade.

Il importe, à Bade, de faire une distinction entre les salons publics, où tout le monde est admis, et les salons réservés, ouverts depuis 1856, où ont lieu les bals, les concerts et les représentations. Le Salon des Fleurs est plus particulièrement destiné aux soirées dansantes; le grand salon Louis XIV, aux spectacles et aux concerts. On n'est admis à ces réunions que par lettres d'invitation toutes personnelles, faveur très-recherchée, car le maître de maison ne les prodigue pas. Les listes de M. Bénazet peuvent faire pendant à l'annuaire de la noblesse et même à l'almanach de Gotha : la famille impériale de Russie, la famille grand'ducale de Bade, le prince royal de Prusse, le roi Léopold, le roi de Wurtemberg, le roi de Bavière, ont été tour à tour, en 1857, les hôtes des salons réservés de Bade, et plusieurs des concerts et des spectacles de cette brillante saison ont eu, comme la Comédie-Française à Tilsitt, un auditoire de têtes couronnées.

Le grand concert de l'année 1857 a eu lieu au profit des hospices de Bade : c'est M. Hector Berlioz qui en a eu et qui en a fait les honneurs. M. H. Berlioz, contesté en France comme compositeur, a des fanatiques en Allemagne. C'est lui qui conduit de son bâton de maréchal d'orchestre, les grands festivals allemands, bien supérieurs à nos rassemblements d'orphéons. Dans le concert de la saison 1857, il a fait entendre ses plus belles partitions. L'ouverture des *Francs-Juges*, le *Judex crederis* de son *Te Deum*, la grande scène des *Scythes* avec chœurs, le finale d'*Ernani* à grand orchestre chanté par les artistes du Grand-Théâtre de Carlsruhe; quel magnifique programme!

Il y a, à Bade, pendant la saison, un orchestre excellent, sous la direction de Miloslaw Kœnnemann, et dans lequel figurent plusieurs solistes de premier ordre : le violoniste Grodvolle, le corniste Steenbuggen, le clarinettiste Wuille, de Strasbourg, et le célèbre cornet à piston Arban.

C'est le moment de parler de la musique autrichienne, qui est, depuis quelques années, la coqueluche de la société de Bade. Elle joue tous les mardis soirs dans le kiosque, en face de la Conversation, sous la direction du célèbre maître de chapelle Schlach. Ce jour-là, l'avenue bordée d'orangers qui règne le long du portique est un véritable Longchamps, mais un Longchamps à pied, où l'on peut bien mieux contempler en détail les belles toilettes et les élégantes qui les font valoir. On n'a pas d'idée du luxe qui s'affiche dans ces concerts du mardi. On n'y vient pas pour entendre, mais pour être vue. C'est le dilettantisme des yeux et la revue des modes nouvelles. Les robes de batiste diaphane, celles de mousseline brodées; les châles en dentelle; les ombrelles en guipure au manche garni de pierreries; les bracelets, les broches, les camées, les bijoux, les mille et un colifichets qui font de la toilette d'une femme tout un poëme; tous ces ornements, toutes ces parures font assaut de richesse et d'élégance. C'est un délicieux coup d'œil pour ceux qui ne payent pas les frais de la guerre. Dans cette lutte féminine, partant sans trêve ni merci, l'élite du demi-monde lutte d'opulence et de prodigalité avec la plus haute aristocratie, et l'on cite telle princesse de la main gauche dont la garde-robe seule vaut le budget d'une petite principauté. Fallait-il se laisser vaincre? A son tour, une vraie grande dame, se trouvant trop à l'étroit dans le vaste appartement qu'elle habitait seule, a loué un hôtel pour pouvoir loger ses chapeaux, ses robes et tout ce qui s'ensuit.

Il y a eu dernièrement à Bade, dans un salon russe, un conciliabule des deux sexes à propos de ces toilettes tapageuses, et comme on se proposait de jouer la comédie en société, on a décidé d'un commun accord de commander à un vaudevilliste une pièce de circonstance intitulée : *Plus de Demi-Monde!* Le titre était friand; voici quel était le sujet :

Dans une réunion de la bonne compagnie, autour d'une table à ouvrage où l'on cause tapisserie et blason, un gentilhomme de province, nouveau Pierre l'Ermite, prêche une croisade contre le demi-monde, et propose une sainte-alliance pour renverser ses profanes autels. Les dames présentes accueillent la proposition avec enthousiasme, et se croisent au cri de *Dieu le veut!* L'une d'elles, ample de formes, offre de faire un commun sacrifice, de renoncer à toute crinoline; mais un cri unanime s'élève contre elle, et c'est tout au plus si on ne lui dit pas, comme au renard de la fable : « De grâce, tournez-vous donc un peu. » Mais alors que faire? comment se distinguer du demi-monde qui affiche chaque jour des toilettes plus élégantes et des manières plus aristocratiques? Un homme marié (il pouvait seul ouvrir cet avis), s'adressant à l'aréopage féminin, lui tint à peu près ce langage : « Ce qui fait, mesdames, que vous êtes quelquefois sacrifiées ou tout au moins négligées pour les idoles qu'il s'agit de renverser, c'est, avouez-le, que vous êtes, à bon droit, sévères et jalouses de votre dignité, dont ces dames font moins de cas. Imitez leur tactique, usez de leurs armes : soyez d'un facile accueil, sans cesser pour cela d'être irréprochables. Les hommes du monde, trouvant dans votre compagnie un plus grand charme, vous rendront exclusivement les hommages dont seules vous êtes dignes, et vous n'aurez plus à redouter de rivales. »

Le plan de bataille est adopté. On se distribue les rôles, l'intrigue se noue, et peu à peu la table à ouvrage de Pénélope tourne à l'Heptaméron de la reine de Navarre.

De son côté, le demi-monde, ayant appris par un traître (il y en a dans toutes les comédies) que l'on s'humanisait dans le grand monde, les petites dames se montrent, à l'opposé, sévères, dédaigneuses, fantasques, et, par cette feinte habile, ramènent à elles quelques déserteurs. Le combat s'engage entre les deux camps rivaux ; le salon de Conversation de Bade est un terrain neutre où ils peuvent vraisemblablement se rencontrer.

Vous voyez d'ici la pièce se dérouler. Il y a nécessairement de part et d'autre bien des quiproquos et des méprises, des alternatives de victoire et de revers, mais, en laissant à l'intrigue toute latitude, on devait arriver à cette conclusion éclectique et tolérante, à savoir que là où il y a des castes il y a nécessairement des déclassés ; que ces deux sociétés limitrophes se rendent service par leur rivalité même ; bref, que c'est le demi-monde qui fait valoir la bonne compagnie.

La pièce (si pièce il y a) était adoptée ; on était en train de l'écrire, et les rôles allaient être distribués, quand un deuil de famille et un brusque départ sont venus changer ces projets et suspendre les préparatifs. Il n'y a donc eu de théâtre à Bade, cette année, que le théâtre officiel, dont le répertoire a d'ailleurs été des plus variés.

Un opéra nouveau et deux comédies inédites, voilà les primeurs dramatiques que M. Ed. Benazet a offertes, en 1857, à ses invités, je dis *invités*, car au théâtre de Bade, il n'y a ni avant-scènes, ni loges, ni orchestre, ni parterre : il n'y a que les fauteuils et les chais dorées du maître de maison. La salle de spectacle Bade est disposée d'une manière fort ingénieuse. I public siége dans le magnifique salon Louis XIV et da le boudoir blanc et bleu attenant. La scène, encadr dans un riche cintre orné de cariatides, se prolon dans le salon voisin. Le foyer et les loges des artist sont aménagés dans les nouveaux salons de bals et concerts.

Au mois d'août a eu lieu la première représentatic du *Cousin de Marivaux*, opéra-comique en deux acte musique de Victor Massé, paroles de MM. Ludov Halévy et Léon Battu.

Sur les fauteuils du premier rang, on remarquait grande-duchesse Stéphanie de Bade, le prince et princesse de Prusse, le duc Nicolas de Nassau, l membres de la famille souveraine de Furstemberg, un grand nombre d'altesses sérénissimes : les ma graves, les landgraves, les palatins étaient au secon rang, puis venaient les dames : duchesses, marquise comtesses, baronnes, etc.

Puis au fond, tout au bout de la salle..., les hommes.

Il est tout naturel que je parle de la représentatio plutôt que de la pièce. *Le Cousin de Marivaux* a é représenté l'hiver suivant à l'Opéra-Comique, et il obtenu tout le succès qu'il méritait. Cette partitio spirituelle et facile, interprétée par Faure, Sainte-Fo Mlles Lefebvre et Lemercier, a eu quatre représenta tions à Bade, et l'auteur de la *Reine Topaze*, quoique sa musique soit toute française, a reçu en Allemagne ses lettres de grande naturalisation. Faure a reçu aussi ce baptême du Rhin qu'ambitionnent les artistes éminens aussi bien que les compositeurs en vogue. Il a été fort applaudi dans les concerts, et c'est lui qui a eu, comme chanteur, les honneurs de la saison.

Je trouve aussi au répertoire de 1857, *Suzanne*, paroles de Prosper Mignard, musique de M. Salvator, qui a déjà été représentée, si je ne me trompe, chez Mlle Augustine Brohan. Mme Sabathier et Jules Lefort ont fredonné cette opérette, qui n'a rien de biblique et procède moins de la chaste Suzanne que de celle du *Mariage de Figaro*.

La troupe de comédie s'est aussi recrutée parmi les artistes des théâtres de Paris en congé. Brindeau, Levassor, Mlle Fix et le ménage Harville-Brindeau formaient un ensemble des plus satisfaisants. Le répertoire se composait de la *Rose rouge*, comédie en un acte de MM. Amédée Achard et J. de Prémaray, et de la *Comédie de Salon*, deux actes inédits de M. Eugène Guinot, qui n'a pas besoin ici de se déguiser sous le pseudonyme de Paul Vermond. *Dos à Dos*, comédie en un acte de Mme Roger de Beauvoir, a été interprétée par Mmes Delphine Fix, Harville-Brindeau et M. Brindeau. Le succès obtenu par ces pièces en a multiplié les représentations au point d'empêcher celle de plusieurs autres comédies préparées en vue de la saison de 1857. Nous citerons entre autres : *Le Pour et le Contre, Aimons notre Prochain,* la *Fée, Faute de s'entendre,* etc., dont plusieurs ont été depuis représentées sur les théâtres de Paris.

Les concerts de cette année ont été des plus brillants. Parmi les artistes d'élite qui se sont fait entendre dans les salons de Bade, il me suffira de citer Mlle Lefebvre, Mme Cabel, Mlle Masson, Mme Widemann, Mme Sabathier, Roger, J. Lefort, Oberhoffer, Faure, Levassor, etc.

Parmi les instrumentistes, Mlle Mœsmer, Mme Massart, Mme Mattmann, Mlle Octavie Caussemille; Camillo Sivori, Servais, Cossmann, Jacquart, Lebouc, Armingaud, Rubinstein, Ketterer, Daussoigne-Méhul, Bottesini, Wieniawski, Apollinaire de Konski, etc.

Les fêtes royales de 1857 ont reçu un nouvel éclat, à la fin de la saison, par suite de l'entrevue de l'empereur des Français et du czar de Russie, qui eut lieu à Stuttgard, dans les derniers jours de septembre. Les grands personnages qui accompagnaient les deux souverains et les nombreux touristes que cette solennité avait amenés dans la capitale du Wurtemberg, vinrent à Bade et assistèrent aux chasses d'automne. La grande chasse à courre eut lieu dans la forêt de Sandweier. Elle fut suivie d'un banquet et d'un bal champêtre.

A la même époque eut lieu, avec un éclat inusité, la fête agricole et populaire que le roi de Wurtemberg préside chaque année à Canstadt, le 28 septembre. Elle fut honorée de la présence des deux empereurs.

Au milieu du palais rustique qui servait à l'exposition des plantes, des fruits, des instruments aratoires, s'élevait une statue colossale de Cérès tenant la corne d'abondance, d'où s'échappait l'olivier, symbole de la paix.

Tous les ans, le plus puissant monarque de l'Asie met la main à la charrue et trace lui-même un sillon ; ce fut aussi un noble exemple, que d'entendre, au lendemain d'une guerre mémorable, les souverains des grandes nations civilisées protester de leur amour pour la paix, et de les voir, aux yeux de l'Europe attentive, honorer le travail, en assistant à ces panathénées de l'agriculture.

BADE.

SAISON 1858.

Revue rétrospective. — Bade au temps du bonhomme Jadis. — L'âge de fer avant l'âge d'or. — Grand festival badois. — Répertoire de 1858 : Le *Moulin du Roi.* — Les *Campagnes du marquis d'O.* — La Comédie de Société. — Prologue de Méry. — La *Coquette.* — Pèlerinage et train de plaisir. — Les Courses d'Iffezheim. — Le *Turf* européen. — Le *Nid de Cigognes.* — L'arrière-saison.

La vie à Bade n'a pas toujours été ce qu'elle est aujourd'hui.

Un gentilhomme du Poitou, qui s'y fit vétérinaire pendant l'émigration, racontait sur Bade à cette époque des détails curieux et de piquantes anecdotes. En ce temps-là, il n'y avait ni Casino, ni palais de la Conversation; mais l'auberge *à la Fleur* était une petite succursale du camp de Coblentz. Plusieurs officiers de l'armée de Condé y venaient prendre les eaux. Ils s'y rencontraient parfois avec les volontaires ou les prisonniers de l'armée révolutionnaire alors campée sur le Rhin, et l'on se battait au sabre, selon la mode des duels allemands.

Ces bruyantes équipées faisaient scandale au milieu de la paisible colonie de Bade, renommée pour ses mœurs patriarcales. Plusieurs fois la justice du bailliage dut intervenir, et les anciens du pays ont gardé le souvenir d'un procès célèbre intenté par un grand personnage de Westphalie à un officier français.

L'adjudant Lefort, de la seizième demi-brigade, ne s'était même pas donné la peine d'aller à Gretna-Green; il avait épousé, par droit de conquête, la femme légitime du plaignant. De là un procès en revendication et réintégration.

La question de droit fut longuement débattue entre le véritable propriétaire et l'heureux possesseur, et le candide bailli, appelé à juger l'affaire, rendit alors cette sentence mémorable. « Considérant les faits de la cause et l'indignité de l'épouse coupable, dit que la sus-nommée sera, de fait et de droit, exclue du domicile conjugal, qu'elle souillerait par sa présence, et l'abandonne à son malheureux sort, en compagnie de son infâme séducteur. »

Voilà une jurisprudence commode en matière de séparation de corps.

Les écrivains allemands, plus moralistes que chroniqueurs, regrettent le temps heureux où Bade n'était qu'un bain modeste. « On y rencontrait moins de voyageurs pour agrément, dit le docteur Ruef, et plus de malades. Les logements et le genre de vie y étaient des plus simples : les baigneurs, en faisant connaissance entre eux et en observant mutuellement les différents effets de la cure, trouvaient ainsi l'occasion de faire l'éloge mérité des vertus de la source [1]. »

« La scène change à Bade chaque année, dit, de son côté, le docteur Eugène Huhn [2]; la saison prend presque toujours un nouveau caractère, un nouvel aspect, et celui qui y a séjourné autrefois regrette que la vie sociale des baigneurs ait presque entièrement disparu de cette vallée.

« Plus les demeures étaient petites et de peu d'apparence, la table frugale, moins il y avait de luxe, et plus on voyait la joie rayonner sur les physionomies des convives qui avaient alors de l'attachement les uns pour les autres, formaient des liens d'amitié indissolubles, parcouraient gaiement les environs en compagnie et regagnaient leurs pénates rajeunis de corps et d'esprit.

« Tout ceci a bien changé de face. Depuis que le luxe a pénétré partout, chacun rivalise pour étaler une magnificence recherchée : la cuisine allemande, jusqu'alors simple et frugale, a fait place à celle des gastronomes français, et depuis que le ton de la haute

1. *Les eaux thermales et la cure du petit lait à Baden-Baden*, par A. Ruef, docteur en médecine à Bade.

2. *Baden et ses environs*, par le docteur Eug. Huhn.

aristocratie s'est introduit dans les cercles, on en a banni le naturel et l'abandon qui y régnaient.

« Cependant, ajoute le docteur Huhn, nous ne devons pas nous en plaindre, car c'est la marche naturelle des choses : ce qui est vieux tombe ; le nouveau s'élève sur ses débris, et, après avoir passé successivement par toutes les phases de la mode, il redeviendra peut-être ce qu'il était auparavant. »

Un savant badois proposait, il y a une trentaine d'années, de bâtir sur le mont Mercure « un temple rustique consacré, soit à Sylvain, soit aux Hamadryades. » Le temple a été bâti, mais il a été consacré à Plutus, non aux divinités champêtres. L'âge d'or pour Bade n'est pas dans le passé ; il est dans le présent et dans l'avenir.

Malgré les doléances du bonhomme Jadis et en dépit de l'invasion étrangère, Bade a conservé à certains égards sa physionomie allemande et ses mœurs patriarcales. Ainsi la saison de 1858, une des plus mondaines, a préludé par un festival allemand, fête digne de la primitive Allemagne. Les principales villes du grand-duché, Offenbourg, Heidelberg, Fribourg, Lahr, Carlsruhe, Manheim ont envoyé à cette fête leur contingent choral et fédéral : Mayence, Francfort et Strasbourg y étaient représentées par des députations chantantes. La direction du festival était confiée à M. Joseph Strauss, maître de chapelle du grand-duc, qu'il ne faut pas confondre avec le Strauss de Vichy et des bals de l'Opéra. La fête a duré trois jours (ni plus ni moins qu'une révolution); les 23, 24 et 25 mai. Le cortége des chanteurs, au nombre de 2,000, a parcouru les rues de la ville en chantant des airs nationaux et les *lieds* populaires. Le concours a eu lieu dans la *Saengerhalle* ou salle de concert, construite tout exprès pour cette solennité, sur une des pelouses du vallon de Lichtenthal. Elle a été honorée de la présence de S. A. R. le grand-duc de Bade. Le premier prix fut remporté par la *Liedertafel*, de Manheim, qui reçut une bannière brodée offerte par les demoiselles de la ville de Bade. Une d'elles en fit la remise aux vainqueurs et leur adressa à cette occasion quelques paroles aimables, comme dans les anciens tournois. Les autres prix furent partagés entre les sociétés chorales de Carlsruhe, de Heidelberg et de Fribourg.

Le 22 juin, il y eut à Carlsruhe un congrès de brasseurs, — encore une solennité allemande!

Avec le mois de juillet commencent les fêtes vraiment princières de la saison. Le roi de Wurtemberg, le prince et la princesse de Prusse, le grand-duc et la grande-duchesse de Bade assistaient aux premiers concerts où se sont fait entendre Wieniawsky, M. de Bulow et Mlle A. Litschner.

Le parterre de rois que Napoléon promettait à Talma, Bade l'offre, chaque année, aux artistes aimés de la capitale, qui aiment mieux y passer leurs vacances plutôt que de courir les chances d'un congé aventureux. A la représentation du *Moulin du Roi*, qui a eu lieu le 15 juillet, assistaient deux têtes couronnées : le roi de Wurtemberg et le prince royal de Prusse, roi par intérim, depuis la maladie de son frère.

Dans la petite cour qui formait le cortége des souverains, on remarquait le baron de Taubenheim, grand écuyer de S. M. le roi de Wurtemberg; le comte de Juckler, maréchal du palais; le prince Gagarin, le général de Manteuffel, la comtesse Bathyany, le comte Appony, le comte Ludolf, etc., etc. Les gens de lettres et les chroniqueurs de la presse parisienne allaient et venaient, comme un jour de première représentation, dans le foyer et dans les coulisses de ce charmant petit théâtre, enchâssé dans le salon Louis XIV, comme un brillant dans une jolie bague.

Le *Moulin du Roi!* n'est-ce pas un joli titre d'opéra-comique? Les moulins et les meunières jouent toujours un grand rôle dans ces opérettes à musique sautillante, où le cœur fait tic-tac, à l'unisson de l'orchestre.

Je ne ferai qu'un reproche au libretto de M. A. de Leuven, c'est d'être un peu trop politique. On pourrait croire qu'il en a puisé le sujet dans le livre de M. Guizot sur Monck et la révolution d'Angleterre. Au premier acte, nous sommes en plein directoire anglais, sous le protectorat de Richard Cromwell, ce tyran malgré lui, qui n'attendait qu'une occasion pour se débarrasser du pouvoir. Le meunier Jacobson, acquéreur de biens nationaux et entre autres du moulin du roi, est resté révolutionnaire pour conserver ses biens et le titre de schérif, que lui a valu son patriotisme exalté. Sa fille, Hélène, fait son désespoir; elle est amoureuse d'un jeune maître d'école, Toby, qui n'a pas d'opinion, et qui par la douceur de son caractère inclinerait plutôt vers le parti des royalistes. Jacobson, dévoré d'ambition, veut vendre son moulin et se lancer dans la carrière politique. Il est même déjà en pourparlers avec une meunière écossaise, Sarah, qui offre d'acheter à bon prix l'ancien moulin royal.

Sarah a bon cœur, comme toutes les meunières : elle s'intéresse à l'amour d'Hélène pour Toby, et leur promet son patronage. Arrive un inconnu, un voyageur. Jacobson, en sa qualité de schérif, flaire déjà un émissaire du prétendant : mais Sarah, qui s'intéresse à tout le monde, le prend à son tour sous sa protection : « C'est mon frère, s'écrie-t-elle, le brasseur de Carlisle, qui vient en ce pays pour faire sa provision de houblon. » Jacobson ne tomberait pas dans ce piége s'il n'était aveuglé par son amour pour la belle meunière. Il pousse des soupirs à faire tourner les ailes du moulin, et s'en va, laissant le frère et la sœur causer de leurs affaires.

Or, le frère, c'est le prétendant; la sœur, c'est la duchesse de Norfolk. Charles Stuart, presque aussi indolent que Richard Cromwell, attend que le général Monck lui mette le sceptre dans la main et la couronne sur la tête. Sarah l'encourage, lui parle d'un trésor caché dans le moulin, et qui peut réchauffer le zèle de ses partisans. Il faut acquérir le moulin comme on achète le château dans la *Dame blanche;* c'est classique dans les opéras.

Sur ce libretto, tout aussi bon qu'un autre, M. A. Boïeldieu a écrit une musique facile, mélodique, sans prétention. « C'est de la musique d'été, » disait un virtuose allemand.

Il y a des noms bien difficiles à porter. M. A. Boïeldieu a le tort d'être le fils de son illustre père. Mais, ne vaut-il pas mieux cent fois être un écho harmonieux encore du génie paternel que de vivre ignoré, comme ce fils septuagénaire de Mozart, à qui le Théâtre-Lyrique fit un jour remettre les droits d'auteur des *Noces de Figaro,* — l'aumône du génie.

Après l'opéra, la comédie, car le théâtre de Bade a un répertoire des plus variés. Il comporte tous les genres (hors le genre ennuyeux), depuis les grandes symphonies jusqu'aux couplets de vaudeville.

La comédie-proverbe est le lot ordinaire des théâtres de société; c'en est aussi l'écueil, car si le proverbe a souvent le mérite de la distinction, il manque quelquefois d'entrain et de gaieté. M. Amédée Achard a trouvé entre le proverbe et le vaudeville une veine heureuse. Sa pièce, les *Campagnes du marquis d'O,* est autrement gaie que les comédies-proverbes dites du grand monde, qu'on joue entre amis ou en famille, entre deux paravents.

On a tant abusé de la particule et des initiales dans les chroniques, à Bade et ailleurs, que bon nombre de spectateurs ont pris céans le marquis d'O pour un pseudonyme. On se demandait si c'était un Anglais, un Allemand ou un Russe. Etait-ce un d'Osmond, un d'Oldenbourg ou un d'Ozeroff?

Tout le monde, après tout, n'est pas obligé de savoir que la maison d'O tout court est une des plus anciennes de France, et qu'elle compte dans son arbre généalogique des surintendants des finances et des mestres de camp. Il y a encore des personnes à Bade qui sont très-intriguées du titre de la pièce de M. Amédée Achard, et qui refusent de prendre un O majuscule pour un nom de famille.

Quoi qu'il en soit, le marquis d'O est un roué de la grande école, un émule du marquis de Richelieu. Il aime à la cour et à la ville : il courtise à la fois les grandes dames rivales de la marquise, et Geneviève, la belle mercière du carrefour Gaillon, à l'enseigne du *Cocon d'Or*.

Mais Geneviève est une fine mouche, à qui les amoureux ne font pas peur. Elle s'est dit avec raison que deux soupirants sont moins à craindre qu'un seul, et elle fait dévider des écheveaux de soie à M. Paul, qui se donne pour un clerc de province. Le marquis rencontre au magasin ce jeune Hercule filant aux pieds d'Omphale. Une explication s'ensuit, et l'on apprend bien des choses.

Le prétendu clerc est M. le vicomte de Mortsang. Non-seulement il aime Geneviève, mais il aime encore une grande dame. Vous devinez qui, n'est-ce pas?

C'est la marquise qui lui a donné un rendez-vous. Un souper et un duel, voilà plus qu'il n'en faut pour une intrigue de comédie. La jolie mercière la dénoue fort habilement à l'aide d'un simple nœud de ruban : bref, après des situations assez périlleuses de part et d'autre, la morale et la mercière finissent par être saines et sauves.

Cette comédie, où les mœurs du grand monde sont délicatement peintes, et où une pointe de sentiment brille comme une larme furtive au coin de l'œil, était merveilleusement appropriée au goût du public de Bade, qui préfère un canevas romanesque à des œuvres exclusivement littéraires. Le succès a été complet.

Il faut dire aussi que la pièce était délicieusement jouée par M. et Mme Lagrange, Bressant et Mlle Fix. Elle a eu plusieurs représentations successives, et les *Campagnes du marquis d'O* resteront au répertoire de Bade.

Comme si la Comédie-Française, l'Opéra-Comique et le Vaudeville ne suffisaient pas aux distractions de la colonie, on joue à Bade la comédie de société. La Bienfaisance, cette bonne fée qui organise tant de bals et de concerts, sert aussi de prétexte à des représentations où les gens du meilleur monde se donnent le plaisir défendu de se déguiser, de mettre du blanc et du rouge, et de monter sur les planches.

Méry a toujours un prologue ou une comédie tout prêts pour ces occasions. L'incendie, l'inondation, la guerre, aucun fléau humain, aucun service à rendre ne trouvent en défaut ce riche d'esprit, toujours prodigue de ses poétiques trésors.

Le petit village de Walldorf, aux environs de Heidelberg, avait été presque entièrement détruit par un incendie. Tout n'était pas couvert par des assurances mutuelles. Il restait encore bien des misères à soulager. Une société de bienfaisance fut organisée à Bade. Quelle bonne occasion de faire une bonne œuvre et de jouer la comédie en société!

On s'était dit : Trois cents billets à un louis feront 6,000 fr. C'est une obole assez présentable. Les trois cents billets furent émis à la librairie Marx et souscrits sur-le-champ, au pair, comme des obligations de chemin de fer. On demandait même une nouvelle émission de titres, avec prime, mais le comité de bienfaisance s'y refusait. Il ne voulait pas enlever à la soirée de bienfaisance ce caractère intime et discret qui en faisait le charme et piquait surtout la curiosité. Il a fallu céder cependant : pour les pauvres, que ne fait-on pas? Le nombre des billets s'est augmenté, et la recette s'est élevée à 7,000 fr.

Le programme était des plus attrayants : il annonçait un prologue en vers de Méry, de la musique de grands maîtres exécutée par de grandes dames, un solo de cor de Vivier et une comédie de circonstance intitulée la *Coquette*. Quel est l'artiste parisien qui n'a pas rêvé un pareil bénéfice?

Méry, le régisseur général, parlant au public, s'est avancé sur le bord de la scène, et, d'une voix sonore, il a prononcé son discours d'ouverture. Il chantait Bade et la célèbre Forêt-Noire,

> Que des auteurs français, bons, mais extravagans
> Dans vingt drames menteurs peuplèrent de brigands,
> Et qui, dans ses vallons, innocemmment abrite
> Le Faust laborieux, avec sa Marguerite,
> Sans Méphistophélès...

Il chantait la musique et les artistes aimés de Bade. Il annonçait en vers charmants l'artiste et la comédienne qui allaient paraître sur le théâtre : Mme Kalergis d'abord,

> La muse aux blonds cheveux, fille de Varsovie,
> Va moduler Chopin et le rendre à la vie.

Puis Mme Rumbold, née princesse Labanoff.

> L'autre, sa noble sœur, va montrer que les arts
> Sont dignes de Paris dans la ville des czars.

Il préparait l'entrée de Vivier.

> Et Vivier, le poëte aux sympathiques flammes,
> Dans le cuivre a fondu pour nous l'or de ses gammes.

Tout le monde, artistes et grandes dames, avait sa part d'éloges poétiques, à l'exception d'un violoniste de talent, qui aurait bien désiré aussi d'être nommé dans le prologue; mais allez donc faire entrer dans un alexandrin le nom de Wieniawsky !

Tous ont tenu parole. Mme Kalergis a exécuté avec un merveilleux talent le prélude et la fugue de Bach, le nocturne de Chopin; Mme Rumbold a chanté avec un goût parfait la valse d'Alary; Vivier a fait entendre une des plus belles sérénades de Schubert, et Wieniawsky a été applaudi avec Mme Kalergis dans le duo de Thalberg sur les motifs de *Norma*.

Le proverbe de Méry n'était pas en vers. Quand je dis proverbe, c'est comédie qu'il faut lire; mais on a l'habitude d'appeler proverbe maintenant toutes les pièces. La *Coquette* n'est pas, comme son titre pourrait le faire supposer, une comédie de mœurs. Hortense de Valmont n'est pas une Célimène de la haute école. Elle se contente de trois adorateurs : M. d'Herbès, observateur psychologique et érudit en amour; Ernest Passebon, qui dit des impertinences sous prétexte de faire sa cour, et Edmond Duclos, l'amoureux de l'école du bon sens, qui ne dit presque rien.

M. d'Herbès poursuit à la fois la jeune veuve et les palmes de l'Institut, et finit par n'être rien...

« Pas même académicien ! »

Il se console en proférant des maximes dans le genre de celles-ci :

« L'homme seul aime; la femme se laisse aimer.

« Le mot coquette n'a pas de masculin.

« Le cœur humain de l'homme est une superficie;
« le cœur humain de la femme est un abîme. On ef-
« fleure l'un; on creuse l'autre. Creusons. »

A force de creuser, M. d'Herbès, puisatier de l'amour, se laisse choir dans un trou, comme l'astrologue de la fable. Il y trouve cette définition : « La femme

« est une rose sans cœur. » J'ai regret à le dire, mais le mot a été trouvé joli.

Ernest Passebon (un vrai nom provençal) comprend l'amour comme un auditeur de seconde classe; il se lance dans les déclarations à bout portant; mais ses flèches, mal décochées, retombent à ses pieds, *telum imbelle sine ictu*, comme dirait M. Jules Janin. Il va sans dire que c'est l'amoureux sentimental qui, un duel aidant, épouse la veuve coquette.

Méry jouait le rôle de M. d'Herbès, le professeur de psychologie passionnelle. Il avait un faux air de Méphistophélès tempéré par l'accent marseillais. On a applaudi le poëte à son entrée ; on a applaudi le comédien pendant la pièce; on a applaudi l'auteur à la chute du rideau. Méry a été littéralement couvert de fleurs. Il les préfère aux lauriers.

Que vous dirai-je des acteurs? Ils n'appartiennent pas à la critique. Il y a même des noms pour lesquels l'éloge n'est pas de mise ; j'entends l'éloge public des journaux et des livres. Je puis bien vous dire que Méry a été sublime d'entrain, que M. de Tallenay, M. Rumbold et M. le baron de Hahn ont fait assaut d'élégance, mais comment peindre la physionomie et analyser le talent d'une comédienne qui s'appelle la princesse Labanoff? Dût pourtant s'offenser l'actrice qui a joué le rôle de Mme de Valmont, je risque ma déclaration (comme Edmond Duclos) : je déclare donc qu'il est impossible de rendre avec plus de finesse et de distinction les nuances d'un rôle important, d'un véritable caractère de comédie, et que la pièce, ainsi parlée par des gens du monde, avait plus de charme et d'intérêt pour les spectateurs que si elle eût été déclamée par des acteurs de profession.

Parmi les grands personnages qu'on a pu voir à Bade, en 1858, il ne faut pas oublier le célèbre *Tom-Pouce,* cet affreux Bébé, qui va toujours en rapetissant, et qui serait mieux placé dans un bocal d'esprit de vin que sur les planches des théâtres et les étagères des salons. L'année précédente, Bade avait été exploitée par un autre phénomène ambulant, Henri Mondeux, le pâtre calculateur de la Touraine. Un prestidigitateur de bonne compagnie a aussi obtenu de l'exquise urbanité du maître de la maison, de donner des séances dans les salons de Bade. Grisier et son neveu ont donné un assaut d'armes dans le salon Louis XIV; les chanteurs béarnais y sont venus roucouler leurs plaintives mélodies. Enfin, comme pour remplacer les comiques de Paris que leur bonne étoile n'a pas encore conduits à Bade, Brasseur est venu; avec sa verve ordinaire, il a improvisé les scènes les plus désopilantes et imité à s'y méprendre le pathos mélodramatique de Laferrière et le fausset idéal de Grassot.

Bade l'a échappé belle : il s'en est fallu de peu qu'elle ne fut envahie, l'an passé, par les trains de plaisir, cette sotte invention qui a failli faire de Dieppe, de Boulogne et de Pierrefonds, autant de banlieues vulgaires, pour la plus grande joie des Parisiens du dimanche. Si, par malheur, ces caravanes avaient franchi le Rhin, on aurait vu, ô honte! des couples assortis, fourrager les vertes pelouses de Lichtenthal, et d'aimables faubouriens rôder, le chapeau sur la tête, dans les galeries du palais de la Conversation. Bonnes gens, qui voulez à tout prix de la villégiature à bon marché, laissez-nous Bade : n'avez-vous pas, à la portée de vos moyens et de vos goûts, Asnières, Romainville et l'île de Robinson?

Au milieu des distractions mondaines, on n'oublie pas à Bade les graves solennités et les pieux souvenirs. L'anniversaire des princes de la famille régnante y est toujours fêté avec éclat et les cérémonies du culte y sont célébrées avec un grand recueillement.

Nous avons vu à Bade, en l'an de grâce 1858, un pèlerinage populaire. On a porté processionnellement l'image d'un saint vénéré dans toute la contrée. C'était un saint du grand monde, un duc de Bade qui a été canonisé, il y a deux siècles, et dont on célébrait le jubilé pour la deuxième fois. Plusieurs milliers de personnes suivaient la procession en chantant des cantiques. La ville était pavoisée de drapeaux aux couleurs badoises. On tirait des salves d'artillerie, et les cloches sonnaient à toutes volées. Bade, vous le voyez, si elle a le goût des plaisirs frivoles, a aussi le respect des choses saintes, si naturel chez les personnes bien nées.

Le calendrier de Bade ne compte que des jours fériés. Après le spectacle et les concerts, sont venues les courses de chevaux. C'est sans doute le congrès de Paris qui a donné l'idée des courses de Bade. L'Angleterre avait Epsom; la France, Chantilly. L'Allemagne a convoqué le sport européen à un congrès hippique dans le champ de courses d'Iffezheim.

Le terrain a été merveilleusement choisi : situé aux bords du Rhin, à la jonction de plusieurs chemins de fer, à quelques lieues seulement du pont projeté de Kehl, qui doit souder les deux réseaux allemands et français, cet hippodrome est appelé à un grand avenir. L'année dernière, il n'en était pas question. C'est M. Ed. Bénazet qui a improvisé, aux portes de Bade, ce champ de courses modèle. En moins d'un an, on a tracé la piste et construit les écuries; les tribunes se sont élevées comme par enchantement, non pas des estrades provisoires ou des constructions légères, comme dans la plupart des hippodromes, mais des tribunes monumentales, en vrai granit, comme les châteaux du Rhin.

L'une d'elles est réservée à la famille grand-ducale de Bade. C'est un palais allemand en miniature, avec la salle des gardes au rez-de-chaussée, l'escalier tournant éclairé par des meurtrières, un vaste salon, décoré de sujets hippiques, et s'ouvrant sur une terrasse spacieuse d'où l'on embrasse l'ensemble du champ des courses.

La seconde tribune est celle du Jockey-Club, des commissaires des courses, des sportmen et de la presse. La troisième, celle du public, est la plus grande et peut contenir 1,200 personnes. Au rez-de-chaussée est un buffet servi par Weber, le Vatel de Bade. Au premier étage, la terrasse forme balcon pour les dames, qui peuvent, en cas de pluie, se réfugier dans une vaste galerie couverte et vitrée.

Toutes ces dispositions font le plus grand honneur à ceux qui ont conçu et ordonné les courses de Bade. Je les ai entendu louer sans restriction par l'état-major du Jockey-Club, qui était là au grand complet. Les commissaires des courses étaient MM. Reiset, et Mackensie-Grives. Parmi les sportmen français, on remarquait M. Charles Laffitte, M. le comte Frédéric de Lagrange, M. le comte Daru, M. Fasquel, M. le baron Nivière, M. Lupin, M. de Lauriston, M. le marquis de Gallifet, M. le duc de Gramont-Caderousse, etc.

La piste internationale est tracée, et nous espérons bien voir prochainement le sport de l'Allemagne et de l'Angleterre se présenter en nombre dans le champ clos d'Iffezheim. C'est un terrain neutre qui doit devenir avant peu d'années le véritable *turf* de l'Europe. La lutte entre les chevaux anglais, allemands et français, permettra de comparer les trois races entre elle, et de faire aussi entre les divers systèmes d'élevage une utile comparaison.

Les courses de 1858 ont eu leurs trois journées, — trois glorieuses. — Les prix ont été vaillamment disputés. L'élite des chevaux français, *Acajou, Chevrette, Etoile-du-Nord, Tonnerre-des-Indes, Little-Jack, Gouvieux*, etc., ont couru. Le grand prix de Bade, qui s'élève à près de 20,000 fr., sans compter les paris, a été remporté par la *Maladetta* à M. Auguste Lupin.

Après chaque journée des courses, le télégraphe annonçait à l'Europe les noms des chevaux vainqueurs. On n'en fait pas autant pour les prix Montyon et pour les lauréats de l'Académie française!

La saison de 1858 a été close par la représentation d'un petit opéra de M. Vogel, paroles de M. Cormon, le *Nid de Cigognes*, chanté par Crosti, Ponchard, et Mlles Saint-Urbain et Mira. Mlle Marie Saint-Urbain a eu, à ce sujet, comme Mlle Fix, les honneurs d'un portrait et d'une biographie dans l'*Illustration de Bade*.

Puis sont venues les chasses à tir de septembre, les chasses à courre d'octobre, le rendez-vous annuel et le classique déjeuner de la forêt de Sandweier, le comice agricole allemand, puis les fêtes de famille où l'on se dit adieu.

Une de ces réunions a eu lieu dans l'orangerie de la villa Bénazet. On y a joué, une dernière fois, la comédie de société, non plus un simple proverbe, mais une grande pièce en trois actes, la *Joie de la Maison*. La petite troupe, recrutée dans un cercle intime, a fait merveille. Elle aura aussi son répertoire, et ceux que leur loisir ou leurs affaires retiennent à Bade jusqu'à l'arrière-saison, y trouveront les moyens d'occuper agréablement les longues soirées d'automne.

Mais la chute des feuilles a donné le signal du départ,

et les derniers baigneurs s'en vont avec les premières hirondelles. Bade s'enferme alors dans sa tunique de chrysalide, pour renaître papillon au printemps nouveau.

BADE.

SAISON 1859.

La campagne du Rhin. — Le pont fixe. — Kehl, dix heures d'arrêt. — L'hôtel de la Cour de Bade. — Stephanienbad. — Le concert européen. — Roger et Tamberlick. — La musique autrichienne. — Le nouveau kiosque. — Le *Favori de la Favorite*. — Répertoire dramatique de 1859. — *Après deux Ans*. — Le *Mariage de Léandre*. — Désarmement général.

N'ayant pu faire, cette année, la campagne d'Italie, j'ai fait du moins la campagne du Rhin. C'est la paix qui m'a valu ces loisirs; la paix, qui est venue trop tôt au gré de l'Italie; trop tard au gré de l'Allemagne.

Boileau a peint le courroux solennel du vieux Rhin, et le naïf émoi de ses nymphes fugitives et court vêtues, à l'approche du victorieux Louis XIV. La même émotion s'est produite dans toute l'Allemagne rhénane, au commencement de la saison 1859. Les rancunes internationales, depuis si longtemps assoupies, commençaient à se raviver ; la polémique s'engageait entre les journaux; une sourde hostilité se manifestait dans l'opinion, et jusque dans les conseils des souverains. Montebello, Magenta, Solférino ont retenti douloureusement au cœur de la nation allemande. Mais le traité de Villafranca a dissipé ces nuages, et l'entente cordiale a été rétablie entre les puissances contractantes du congrès annuel de Bade.

Le pont fixe du Rhin, mieux que tous les traités de paix, va bientôt unir l'Allemagne et la France. J'ai visité les travaux, en passant à Kehl : ils sont très-avancés, et l'on compte qu'ils seront achevés dans dix-huit mois. La première pile, celle de la rive gauche, est déjà construite : on enlève en ce moment l'échafaudage : c'est tout une forêt de charpente. Le pont de bois provisoire, à lui seul, est déjà une œuvre colossale : on dirait le clocher de Strasbourg couché en travers du Rhin.

Pour asseoir les fondations de chaque pile, à vingt-cinq mètres au-dessous du niveau du fleuve, on a construit de grands tubes de fer, dans lesquels on descend, à la profondeur indiquée, d'énormes blocs de béton. Sur ces assises cyclopéennes reposeront les quatre arches du pont. Aux termes de la convention internationale, les ingénieurs français doivent construire les piles de maçonnerie, et les ingénieurs allemands le tablier du pont. Quand le travail sera achevé, on ira, en dix heures, de Paris à Bade.

Espérons que le péage diplomatique perçu à Kehl disparaîtra avec le vieux pont de bateaux, et que le caporal badois, préposé au visa des passe-ports, n'exigera plus des touristes une contribution de paix de cinq francs par personne. A ce prix, que serait une contribution de guerre ? Les femmes elles-mêmes ne sont pas exemptes de cette exaction fiscale. On leur demande un passe-port, les malheureuses ! on dévoile le secret de leur âge, l'incognito de leur état civil, peut-être même le mystère de leurs signes particuliers. L'employé qui a visé, cette année, à la station badoise, le signalement de Mlle S..., en a pris un duplicata. Quel intérêt cela peut-il avoir pour la chancellerie de Carlsruhe !

Signalons aussi, en passant, l'irrégularité du service direct de Paris à Bade. Le trajet peut et doit se faire en douze heures ; on en met toujours quinze ou vingt; heureux encore lorsqu'on n'est pas obligé de coucher à Kehl. On objecte à cela que l'heure de Strasbourg est la même que celle de Paris, tandis que les horloges de l'Allemagne sont orientées sur celle de Berlin : c'est une différence facile à prévoir, aussi bien à l'aller qu'au retour, et cela n'explique pas pourquoi les voyageurs du train direct arrivent toujours à la gare allemande un quart d'heure après le départ du train. Le moyen le plus simple serait de faire une enquête et de voir si, parmi les employés et les inspecteurs du service international, il n'y aurait pas, par hasard, quelque aubergiste de Kehl.

Les Kelhois sont hospitaliers, je n'en disconviens pas : ils ont même fait cette année un accueil très-cordial à la petite colonne de prisonniers français qui rentraient dans leurs foyers après la conclusion de l'amnistie de Villafranca; un banquet eut lieu à cette occasion à la brasserie Schaff, et l'Allemagne y trinqua avec la France, en témoignage de réconciliation : ce n'est pas toutefois une raison suffisante pour séjourner à Kelh toute une nuit, lorsqu'on ne met qu'une demi-journée pour venir de Paris à Strasbourg.

Bade s'est mise en frais cette année, pour encore mieux recevoir ses hôtes. Elle a agrandi l'enceinte de sa gare : la ville s'est enrichie de nouvelles villas et de nouvelles promenades.

L'hôtel de la Cour de Bade (*Badischer hof*), devenu la propriété de M. Em. Dupressoir, est désormais l'hôtel à la mode, le caravansérail aristocratique. C'est de plus un monument historique, un ancien couvent de capucins. L'illustre Montecuculli y fut enterré, non loin de Turenne, dont le cœur repose à Sasbach. Les cellules des moines sont devenues des cabinets de bains. Les étages supérieurs renferment de vastes appartements et cent cinquante chambres. Un ambassadeur y peut descendre avec toute sa suite; un étudiant allemand s'y peut loger dans une chartreuse modeste, mais confortable. L'escalier est monumental. On y pourrait monter à cheval, comme au temps des burgraves. La salle à manger est aussi vaste que l'antique réfectoire du couvent. On y fait encore de succulents dîners, et la cave, admirablement garnie, conserve, dit-on, un vin du Rhin qui remonte au temps des moines.

Bade a ses néothermes dans *Stephanienbad*, autrement dit Stéphanie-les-Bains. C'est un établissement tout moderne (il date à peine de cette année) ; mais il est appelé à un grand avenir. Située sur la rive droite de l'Oos, entre l'avenue et le faubourg de Lichtenthal, la villa Stéphanie est une cité champêtre, composée de plusieurs maisons à l'italienne, dispersées dans un parc anglais. Au milieu des chalets rustiques s'élève un palais, un véritable palais, construit par M. Lang, architecte de Bade, pour le compte d'une société française. L'aile gauche est occupée par le Jockey-Club de Bade, cercle de l'aristocratie européenne, qui s'est organisé sous la présidence du duc de Furstemberg ; l'aile droite renferme un café-restaurant où l'on est servi à la française, et qui fera une utile concurrence à la *restauration* allemande, vouée à l'ancien régime culinaire. Sur l'autre façade, le monument s'arrondit en forme de rotonde, et, dans cet hémicycle, on organise un établissement modèle de bains simples ou médicinaux qui sera pour les baigneurs, ce que la Trinkhalle est pour les buveurs d'eau.

Les concerts de 1859 ont commencé le 30 juin, en pleine guerre. L'harmonie exilée du reste de l'Europe se retrouvait à Bade, où se faisaient entendre Vieuxtemps, Ernest Nathan, Piatti, Alfr. Jaël, Mlle Marimon, élève de Duprez, et Mlle Marie Battu, sœur de Léon Battu, si prématurément enlevé aux lettres et à Bade, dont il était un des librettistes aimés. Vivier est venu se reposer, en Allemagne, de sa longue inaction musicale, et son cor magique a de nouveau réveillé les échos de la Forêt-Noire.

Roger était attendu à Bade; il devait y retrouver son public allemand, et y chanter les *lieds* populaires qui lui ont fait au delà du Rhin une si grande réputation de chanteur. Hélas! au moment où, tout joyeux, il allait prendre sa volée, l'artiste aimé, victime d'un accident fatal, est tombé au milieu de sa brillante carrière, pauvre rossignol, dont le plomb a brisé l'aile, mais qui du moins peut chanter encore.

Tamberlick a failli un moment remplacer Roger, comme fait un général sur le champ de bataille. Le célèbre *ut-dièze* a été mandé par une dépêche télégraphique ainsi conçue :

« Vous êtes le prince des ténors. Bade vous réclame pour son concert du 20 août. Le chiffre est laissé en blanc : vous le remplirez.
BÉNAZET. »

L'éminent artiste, qui est aussi un homme d'esprit, a répondu :

« Je ne suis qu'un faux prince des ténors, ce qui n'empêche pas que vous n'en soyez le vrai Mécène. Le plaisir et l'honneur de chanter dans vos royaux salons de Bade me suffiraient. D'autres engagements me privent de ce bonheur. Plaignez-moi!
« TAMBERLICK. »

Remarquons, en passant, que le nom de Jenny Lind et ceux de Rubini, Lablache, Ronconi, Gardoni, Malibran, Sontag, Cruvelli, Alboni, Rachel et bien d'autres encore parmi les noms illustres figurent sur le livre d'or des salons de Bade.

Avec la paix sont revenues les hirondelles et les fauvettes d'été; Mlle de la Morlière, la fée aux romances, Mme Caroline Barbot et Mme Cambardi, deux tragédiennes lyriques; le sérieux Bussine et l'amusant Balanqué; Mme Dreyfuss a fait soupirer l'orgue; Hermann, Servais et Batta ont fait pleurer le violon et le violoncelle; Ketterer a tenu le piano en maître accompagnateur, et Mlle Octavie Causemille, qui s'est placée au premier rang des pianistes par son jeu énergique et émouvant, a interprété les œuvres des grands maîtres de manière à captiver tous les suffrages.

La musique autrichienne, qu'on avait cru devoir neutraliser, à Rastadt, pendant la guerre, a fait sa rentrée à Bade, depuis la paix. Elle a inauguré le nouveau kiosque construit par M. Levêque sur les plans de M. Séchan. C'est un pavillon à jour dont le treillage de fer, grimpant comme les sarments et les vrilles de la vigne folle, décrit les festons et les astragales les plus capricieux. On arrive à la plate-forme de l'orchestre par un escalier en pierre orné d'une balustrade en fer tordu et historié à la façon du dix-septième siècle. Cette même grille se répète au haut du pavillon, en suit toutes les sinuosités et le couronne d'un élégant et léger balcon. Le pavillon est en forme de polygone à seize compartiments ou arcades, et la coupole élégante qui le surmonte a été construite suivant les lois de l'accoustique, de manière à répandre au loin dans le parc des flots d'harmonie.

Le répertoire dramatique de Bade s'est enrichi, cette année, d'une nouvelle comédie inédite de MM. Villemot et Siraudin, le *Favori de la Favorite.*

Nous sommes en 1769, à la cour de Louis XV, le bien-aimé. Le roi règne par droit de naissance, et Mme du Barry gouverne par droit de conquête. Le baron d'Antignac, ambitieux sur le retour, veut marier sa nièce au vicomte de Chanteloup qu'il suppose être dans les bonnes grâces de la favorite. Mais Sabine, comme de juste, a une inclination. Elle aime un bel inconnu, M. le chevalier de Lansac, un ex-mauvais sujet, à qui cet amour a refait une destinée. Lansac a connu la favorite alors qu'elle n'était encore que Mlle Lange. En souvenir de cette bonne fortune, il sollicite un emploi, celui de gouverneur du château de Vincennes. La réponse ne se fait pas attendre. Lansac reçoit une lettre cachetée, et, ne doutant pas de sa nomination, il se rend à son poste.

Arrivé à Vincennes, il y rencontre son rival, le vicomte de Chanteloup, qui, lui aussi, a reçu sa commission de gouverneur et un pli cacheté. Lequel des deux est prisonnier de l'autre ?

Lansac ne tarde pas à apprendre que le billet doux est tout simplement une lettre de cachet. On ne lui pardonne pas d'avoir osé se souvenir. On lui reproche aussi un quatrain méchant décoché contre la favorite :

« A sa faveur, tous les solliciteurs
« Obtiennent tout : — alors on se demande,
« En n'obtenant pas ses faveurs,
« Si la faveur n'est pas plus grande. »

Or, l'épigramme est de Chanteloup, ou du moins elle est recopiée de sa main. Une disgrâce éclatante plane sur le nouveau gouverneur. Sabine arrive avec son oncle pour compliquer la situation. En apprenant que celle qu'il aime est dans le donjon de Vincennes, Lansac veut rester prisonnier; par la même raison Chanteloup s'y oppose, et veut rendre Lansac à la liberté. Une lutte de générosité s'engage entre eux et donne lieu à une scène comique et très-spirituellement dialoguée. Sabine, qui ne perd pas la tête, intrigue à son tour et aide au dénoûment, en achevant de compromettre Chanteloup. Celui-ci est trop heureux de s'évader par la fenêtre, à l'aide de l'appareil de sauvetage qu'il avait préparé pour son rival.

Cette petite comédie, due à la collaboration d'un chroniqueur et d'un vaudevilliste passés maîtres en fait d'esprit, était tout à fait dans le goût du public de Bade. On n'aime pas ici la comédie en habit noir qui fleurit au Vaudeville, et le jeune homme pauvre, avec son frac usé, n'aurait qu'un médiocre succès. La pièce a été jouée en perfection par Régnier (Chanteloup), Bressant (Lansac), Ricquier (d'Antignac), et Mlle Fix

(Sabine). Bressant est l'idéal du chevalier à la mode au siècle dernier : il porte la perruque poudrée et le costume Louis XV comme un vrai gentilhomme de la chambre ; les paroles qu'il distille avec une élégance raffinée, doivent sentir le musc et l'ambre.

Quant à Mlle Fix, c'est la déesse de la prose : elle donne à ses moindres phrases une telle pureté d'intonation et un naturel si parfait que le public de Bade, les étrangers surtout, l'écoutent volontiers indépendamment de la phrase écrite, et, sous le charme de cette musique parlée, ils oublient parfois d'applaudir, autant qu'ils le méritent, les artistes et les auteurs.

La Comédie-Française a joué aussi à Bade quelques pièces de son répertoire : *Le Jeu de l'Amour et du Hasard*, de Marivaux, où Sainte-Foy, de l'Opéra-Comique, s'est fait entendre à côté de Bressant et de Mlle Fix, et des scènes détachées du *Mariage forcé*, de Molière, par Régnier, Ricquier et Berry. Puis est venu le proverbe nouveau de Mlle Augustine Brohan, *Qui terre a guerre a*, joué par Bressant et Mlle Fix.

La comédie de salon fleurit plus que jamais à Bade, qui promet de devenir le Conservatoire des théâtres de société. C'est encore Méry qui a fait, cette année, les frais de la représentation annuelle au profit des pauvres. Il a récité un prologue en vers sur la Charité, thème usé, mais que le fécond improvisateur sait toujours varier et rajeunir.

Après deux ans, c'est le titre de la comédie inédite que Méry a écrite tout exprès pour le répertoire de

Bade, répertoire qui, un jour, formera une collection charmante, comme celui du théâtre de Madame.

La duchesse de Valbreuse pleure depuis deux ans son mari mort glorieusement au siége de Sébastopol. Elle s'est imposé un deuil éternel et un veuvage de trois, six ou neuf ans, selon les circonstances. Arrive un message qui ravive sa douleur; c'est une lettre renfermant les derniers adieux du défunt. Le messager est aussi un officier, le comte de Morange, qui s'est chargé de remettre à la duchesse ce précieux souvenir. Il est revenu de Crimée à Paris par Téhéran et Calcutta, et c'est après deux ans de courses vagabondes qu'il songe à s'acquitter de sa mission.

Mme de Valbreuse lui fait raconter ses voyages, et, dans la conversation, elle remarque avec surprise que le comte de Morange professe les mêmes principes, a les mêmes goûts, emploie les mêmes phrases que feu M. de Valbreuse.

— Vous avez donc connu le colonel? dit-elle avec curiosité.

— Sur mon honneur de soldat, je ne l'ai vu qu'au moment où il allait mourir, répond le comte.

— C'est singulier, mais alors...

Toujours est-il que la duchesse, séduite par cette ressemblance morale et déjà touchée au cœur, se prépare à une capitulation honorable. Au moment où elle va se rendre, le comte est tout à coup saisi d'un scrupule de conscience. Il rend à la duchesse un carnet renfermant les pensées écrites du mari défunt et un médaillon contenant un portrait de femme. C'est elle qu'il aimait depuis deux ans, en peinture ; c'est pour lui plaire qu'il apprenait par cœur les maximes favorites de l'époux aimé.

Le stratagème est en effet singulier, et je comprends que la duchesse y trouve l'occasion d'une scène de dépit amoureux ; mais elle pardonne la supercherie du carnet, à cause de l'idolâtrie du portrait ; Artémise convole en secondes noces, et la pièce, qui avait débuté comme la *Veuve du Malabar*, finit comme la *Matrone d'Ephèse.*

Ce proverbe repose sur une donnée un peu paradoxale. On a peine à admettre qu'un amoureux, pour faire sa cour, se pare des dépouilles d'un mort et redise complaisamment des maximes d'outre-tombe ; mais le paradoxe est un des ressorts du talent de Méry, et l'entrain du dialogue sauve l'invraisemblance de la situation.

Cette soirée avait pour le public de Bade un attrait tout particulier. Des gens du monde et, du très-grand monde, devaient jouer la comédie de Méry sur ce même théâtre où, la veille, Bressant, Régnier et Mlle Fix interprétaient Molière et Marivaux. Quelle n'a pas été la surprise de tous en entendant des amateurs, des étrangers, jouer leurs rôles en comédiens consommés. Mme Kahn, chargée du personnage de la duchesse de Valbreuse, a provoqué l'étonnement et l'admiration de tous les spectateurs : elle s'est révélée comme une étoile de l'art. Sentiment exquis, diction irréprochable, intelligence, ou pour mieux dire intuition des moindres détails, tout en elle rappelait le charme de Rose Chéri dans ses beaux jours.

M. Markevitch s'est acquitté avec beaucoup d'entrain et de distinction de son rôle d'amoureux retour de l'Inde, et Mme la comtesse Kalergis, dans un rôle épisodique, accepté par complaisance, a partagé les applaudissements de toute la salle. La soirée avait commencé par un concert où Mme Kalergis s'est vraiment prodiguée. Elle a exécuté un trio de Chopin avec MM. Cossmann et Grodvolle, un duo de Schumann à deux pianos avec Rubinstein; enfin, pour se reposer, elle a accompagné tout le monde, le violon de Mlle Bido, une émule des sœurs Ferni; les romances de Jules Lefort et le solo de cor de Vivier.

Dans le programme de 1859 figurait un opéra inédit en deux actes, dont le libretto est de MM. Jules Barbier et Michel Carré, et la musique de M. Ch. Gounod. Cette partition devait être interprétée par Roger, Bussine, Balanqué et Mme Miolan-Carvalho. Les circonstances créées par la guerre d'Italie n'ont pas permis de monter cette année une œuvre aussi importante. L'opéra de M. Ch. Gounod n'en reste pas moins acquis à M. Ed. Bénazet pour la saison de 1860. On assure que l'auteur de *Sapho*, de *Faust* et du *Médecin malgré lui*, n'a jamais été mieux inspiré.

L'opéra-comique n'a point chômé pourtant cette année. On a représenté avec succès, le *Mariage de Léandre*, paroles de M. Clément Caraguel, musique de M. Ernest Boulanger, chanté par Sainte-Foy, Berry, Mlle Poussez et Mme Mutée.

Il n'a manqué jusqu'ici à Bade qu'une exposition de peinture : encore ne désespère-t-on pas de voir un jour un salon artistique s'ajouter aux autres salons du palais de la Conversation. Dans ce musée contemporain figureraient les tableaux destinés à conserver le souvenir des fêtes de Bade, entre autres la grande toile qu'un peintre habile, M. Heyrault, a exécutée pour la galerie de la villa Bénazet, et qui représente l'Hippodrome d'Iffezheim. Le paysage est fort bien traité et les portraits sont d'une vérité frappante. On reconnaît sur le *turf* les groupes des sportmen et les membres du Jockey-Club ; on reconnaît même les chevaux. On dirait une page du *Stud-book* illustré.

Enfin, pour que rien ne manque à la galerie contemporaine de Bade, un caricaturiste d'un talent original, M. Carjat, exécute la charge en pied des habitués de la conversation. Le duc de Hesse-Darmstadt, le comte Sollohub, le prince Korsakoff, le prince Troubetzkoy, les artistes, les chroniqueurs figurent dans cet album comique destiné à prendre place à côté du livre d'or de céans.

Il n'y a à Bade ni académie, ni société savante (Dieu merci !), mais il y a la librairie Marx, qui est la bibliothèque et le cercle littéraire de la ville. On y trouve tous les journaux de l'Europe et la collection complète des romans français et des contrefaçons étrangères. M. Emile de Girardin, qui est devenu, pendant l'été, citoyen de Bade, y a publié après la paix sa brochure sur le désarmement général.

M. E. de Girardin s'est retiré à Bade, comme Voltaire à Ferney, pour faire regretter son absence et donner plus de piquant à ses productions. Il a acheté, derrière la villa Bénazet, un terrain qui domine l'avenue de Lichtenthal, et se propose d'y faire construire une maison de campagne. Celle qu'il a louée, en attendant, est déjà le cercle parisien de Bade. L'ancien rédacteur en chef de la *Presse* y réunit les artistes et les journalistes, et Mme Emile de Girardin y reçoit la haute aristocratie allemande : c'est la succursale d'été du petit hôtel des Champs-Elysées, cénacle charmant où les extrêmes se touchent et où l'harmonie naît des contrastes. On y rencontre tous les types originaux de la société parisienne. La gent littéraire y vient contempler des princes et des millionnaires; ceux-ci y viennent voir des gens de lettres. On y joue la comédie en société, comme à Bade. On y cause de tout, excepté de la politique.

A propos de la paix, une discussion s'est engagée cet été entre M. de Girardin et Vivier. Vivier est passé à Bade à l'état de légende. Il est question de le peindre dans les fresques de la Trinkhalle, comme le génie fantastique qui donne du cor dans les ballades allemandes. Il vit avec un corbeau, ne s'occupant en rien du monde extérieur, et poursuivant, au milieu des salons, au jeu, à la promenade, son rêve capricieux.

Donc, Vivier, qui connaît toutes les têtes couronnées

d'Europe, proposait une solution à M. de Girardin, au sujet du désarmement général. « Au lieu de congrès, disait-il, qu'on réunisse à Bade tous les souverains, et qu'on me laisse leur exposer la situation. Je me charge de les faire rire tous, et quand ils auront tous ri, ils seront tous désarmés. »

Voilà la politique qui se fait à Bade.

SCHWALBACH.

Le Rhin, roi des fleuves. — Tout le long, le long de la rivière. — Mentor et Télémaque. — Les Anglais en voyage. — Milord et milady. — La mère de l'émigrant. — *Schwalbach*, autrement dit le Ruisseau de l'Hirondelle. — L'hôtellerie du Singe-Vert. — *Bubbles from the Brunnens of Nassau.* — La table d'hôte du *Gasthaus.* — Distractions de baigneurs. — Un bain de nuit. — Les murs ont des oreilles. — Le roman des eaux. — Le royaume des bouteilles. — Où l'on voit que Mentor n'était pas Minerve déguisée.

Le Rhin est véritablement le roi des fleuves. Comme tous les rois, il a eu de tout temps et il aura toujours ses courtisans. Tous les poëtes d'eau douce l'ont chanté, depuis Ausone jusqu'à Boileau.

Au pied du mont Adule, entre mille roseaux, etc.

Victor Hugo a écrit sur le Rhin deux volumes qui sont le roman en prose de la poétique épopée des *burgraves*. C'est un beau livre, qu'il faut lire l'hiver au retour du voyage, mais qu'il ne faut pas emporter avec soi. Le lecteur se fatiguerait en route de ce grand style qui fait songer et qui évoque dans la mémoire l'essaim bourdonnant des souvenirs. On ne s'y entend plus, on est ébloui. On ne rêve que châteaux-forts, électeurs, confédérations et champs de bataille. A propos du Rhin, le poëte finit par faire un cours d'histoire européenne.

Pour moi, je n'ai vu et n'ai voulu voir du vieux fleuve allemand que les eaux bleues, les îles vertes, les coteaux couverts de vignes, les grandes barques allongeant leur proue au milieu des roseaux, les rochers à pic, les donjons ébréchés, les villages blottis dans les ravins boisés, les moulins tapageurs et les lavandières étendant leur linge sur les cailloux de la grève. J'ai descendu le Rhin en touriste, non en penseur, et, contemplant le panorama des deux rives, je me suis laissé aller, comme dit la chanson, tout le long, le long de la rivière.

J'ai fait cette classique excursion en compagnie d'un mien ami, Allemand de naissance et philosophe de profession. Il m'appelait Télémaque, et je l'avais surnommé Mentor. C'était ma première campagne du Rhin : j'avais besoin d'un guide et d'un interprète. Mentor était l'obligeance même ; il avait accepté toutes les corvées du voyage; c'est lui qui échangeait nos rares pièces d'or contre des florins et des thalers, lui qui conversait avec les garçons d'hôtel et se disputait avec les cochers allemands.

Malgré son titre et son emploi, Mentor était jeune, beau, de cette beauté allemande qui inspire les passions sérieuses, un peu embarrassé dans le monde, mais fort agréable dans la conversation.

Mme de Staël raconte dans son livre sur l'Allemagne, écrit en Suisse, qu'un poëte blond se présenta un jour à elle en lui disant : « Matame, che souis professeur t'amour. » Mentor avait donné dans ce travers. Le naïf Allemand s'imaginait connaître à fond cette bouteille à l'encre qu'on appelle le cœur humain, parce qu'il avait étudié toute sa vie les ouvrages des moralistes, et composé un traité de psychologie amoureuse, intitulé la *Théorie du Sentiment*. Il y a ainsi une foule de gens qui apprennent la galanterie par demandes et par réponses dans l'*Art d'aimer* d'Ovide ou de Gentil-Bernard, et qui se croient blasés sur l'amour, parce qu'ils ont été trompés une ou deux fois.

Donc, je m'étais embarqué avec Mentor sur le *Zollverein*, un des *steamers* de la Compagnie prussienne et hollandaise, qui fait le service des bords du Rhin. Partis de Coblentz, nous devions nous arrêter au premier endroit qui nous séduirait. Mon guide avait eu de la peine à faire comprendre au contrôleur du *Dampschiff* ce caprice de voyageur.

N'attendez pas de moi une nouvelle description des bords du Rhin. On en vend sur le bateau de toutes faites, ainsi que des vues panoramatiques des deux rives. C'est un fort joli coup d'œil.

Nous nous arrêtions de temps en temps pour échanger nos voyageurs, ou, si l'on veut, nos prisonniers. Tantôt nous déposions sur la rive un gentleman anglais, en place duquel nous recevions deux ou trois Allemandes joufflues et rebondies; là nous échangions un peintre contre un musicien, plus loin le bateau à vapeur se débarrassait d'une vieille femme acariâtre et quinteuse, et reprenait sa course gaiement, comme s'il eût été plus leste et plus libre. C'était un esquif de fée; il fallait le voir sillonner les eaux bleues du fleuve, et faire refluer sur les rives deux nappes d'eau frangées d'une blanche écume.

A la station de Boppart, deux voyageurs, apercevant de loin notre embarcation dérouler comme une voile sa guirlande de noires vapeurs, nous firent signe avec leurs mouchoirs. La cloche tinta, et les deux nouveaux passagers, prenant leur élan d'un promontoire en planches, sautèrent d'une enjambée sur le bateau.

Au juger, ce devait être un couple d'Anglais qui, récemment unis à Gretna-Green ou à l'autel fashionable de l'église de *Pall-Mall*, passaient en voyage leur lune de miel. L'époux était calfeutré, comme une momie, dans un immense cache-nez; la figure de la dame se dérobait sous un voile de dentelle noire et sous une cascade de blondes papillotes; mais, dans sa précipitation, elle laissa voir une fine jambe, moulée dans un bas blanc bien tiré, et terminée par un joli petit pied emprisonné dans une étroite bottine de cuir mordoré. Ce pied m'avait tourné la tête et je cherchais un prétexte pour entamer la conversation; mais la phrase banale, prélude obligé de ces sortes d'entretiens, ne me vint pas à temps, et les nouveaux venus, se dirigeant vers la cage de l'escalier, descendirent au salon des voyageurs.

Mentor les suivit silencieusement. Je restai seul sur le pont.

Un peu avant d'arriver à un endroit appelé le *Bingerloch*, au moment où le bateau tournait sur lui-même, pour éviter un passage dangereux, j'aperçus une pauvre vieille femme assise sur un rouleau de cordages. Un grand jeune homme de vingt ans était debout près d'elle. Tous deux pleuraient.

— Frantz, disait la mère, as-tu un chapelet dans ta poche?

— Oui, ma mère, et béni par notre saint-père le pape.

— T'es-tu confessé?

— Oui, ma mère.

Je regardai le pilote. Serions-nous en danger de mort, me demandai-je? et je suivis avec anxiété la manœuvre du bateau à vapeur qui virait de bord. Mais je fus bientôt rassuré par la bonne femme elle-même.

— Monsieur, me demanda-t-elle, allez-vous en Amérique?

J'aurais ri si elle n'avait eu les larmes aux yeux

— C'est que, voyez-vous, continua-t-elle, voilà mon fils qui va rejoindre au Havre un convoi d'émigrants pour l'Amérique. Je vais le quitter pour toujours, et je voudrais lui savoir un bon compagnon de route.

Je m'éloignai tout attristé. Mais je ne perdis pas de vue la mère et le fils qui se tenaient étroitement embrassés et qui, comptant les heures et les minutes, semblaient retarder de leurs vœux la marche du bateau. Ce grand jeune homme doux et robuste, me disais-je, est peut-être le fils unique de cette pauvre veuve qui le conduit à l'agence des émigrants, comme si elle le menait au cimetière; ou bien il est de trop dans une famille déjà nombreuse, et il s'en va. Enfant, il a joué avec ses frères et sœurs autour de la chaumière, puis le moment est venu où la maison a été trop petite pour tout le monde, et le plus grand, le plus fort, a dû déguerpir pour faire place aux autres. Voilà le droit d'aînesse des pauvres gens. Le peuple de nos campagnes redoute la conscription; l'émigration est bien plus triste et plus douloureuse encore pour les Allemands pauvres, car elle leur enlève leurs fils pour toujours.

Aussi, pour éviter ces déchirantes séparations, voit-on souvent des familles, que dis-je! des villages émigrer en masse, comme les tribus antiques, vendre les biens communaux, les propriétés particulières, et partir pour l'Amérique ou pour l'Australie, emmenant avec eux la croix du cimetière, le registre de l'état civil, le maire et le curé. Des compagnies de transport (agentur) conduisent les émigrants à Brême, à Hambourg ou au Havre. Ils s'embarquent, rêvant à l'Allemagne du nouveau monde qui les attend... Parfois une tempête, un incendie surprennent en pleine mer le navire trop chargé, et ces pauvres gens, se tenant embrassés au moment suprême, s'abîment dans l'Océan et meurent en se donnant rendez-vous dans une troisième Allemagne, celle qui est là haut !

J'en étais là de mes tristes réflexions, lorsque Mentor remonta sur le pont. Il avait l'air soucieux.

— Nous allons à Schwalbach, me dit-il.

— Quoi faire ?

— Prendre les eaux.

— Soit.

En voyage, je suis toujours de l'avis du préopinant, et, quelles que soient les propositions faites, les corvées à subir ou les parties de plaisir projetées, j'y souscris toujours.

— Qu'est-ce que Schwalbach ? demandai-je.

— Un endroit charmant, un village où l'on prend des bains. Ce nom même est poétique, tout rude et tout hérissé de consonnes qu'il vous paraisse. *Schwalbach* signifie le ruisseau de l'Hirondelle. Du temps des Romains...

— Passons à Charlemagne, si cela vous est égal.

— Soit! Au temps des Romains, la renommée du ruisseau de l'Hirondelle était déjà établie, et ses eaux ferrugineuses y attiraient quelques-uns de ces proconsuls et de ces sénateurs énervés par les plaisirs. Peu à peu des huttes furent bâties et se groupèrent autour des thermes; on vit le petit hameau s'allonger, ce qui lui valut le nom de Langenschwalbach, c'est à dire *le long Schwalbach*.

Lors de la grande invasion, les Vandales renversèrent le village de fond en comble, et son nom lui-même disparut enseveli sous des monceaux de ruines. On n'en entendit plus parler pendant mille ans; mais, comme le site était joli, il s'y rebâtit plus tard un village.

Vers la fin du siècle dernier, un archéologue (il y en avait déjà), parcourant la carte de Peutinger, découvrit cette inscription hiéroglyphique : *Aquæ calidæ*. Après de savantes recherches, il crut pouvoir supposer qu'il y avait, sur l'emplacement de Schwalbach, des sources d'eau chaude. Sans parler de la source où il avait lui-même puisé ce renseignement, il composa un savant mémoire où, d'induction en déduction, d'hypothèse en analogie, il finit par conclure à la certitude de l'existence d'une fontaine d'eau minérale. On pratiqua des fouilles, et l'on ne manqua pas de découvrir la fontaine de l'Hirondelle.

Comme Mentor poursuivait sa dissertation, un nuage de vapeur s'échappa avec un bruit strident par la soupape de sûreté. Les roues du steamer tournèrent en sens contraire, et le *Zollverein*, docile au gouvernail, vint toucher de la proue un de ces débarcadères submersibles qui, retenus au bord par des chaînes de fer, montent ou descendent, avancent ou reculent, suivant la hauteur des eaux du fleuve. Nous étions arrivés à la hauteur de Schwalbach. Une vingtaine de passagers descendirent en moins d'une minute, et, pendant que l'Anglais s'occupait du transfert de ses bagages, Mentor offrit galamment la main à la jeune lady aux pieds mignons. Non-seulement elle accepta, mais elle remercia son chevalier improvisé d'un sourire qui le fit rougir jusque dans le blanc des yeux. Une calèche jaune, attelée de deux grands chevaux mecklembourgeois, s'offrit à nous, conduite par un postillon en livrée. Nous y montâmes, milord, milady, Mentor et moi. Le postillon fit claquer son fouet, et nous partîmes.

Deux heures après, nous débarquions à l'hôtellerie du Singe-Vert. L'aubergiste était debout sur le pas de la porte, le ventre proéminent, la figure rubiconde et le sourire sur les lèvres. Un grand domestique s'empara de notre valise, et Mentor, notre interprète commun, entra en pourparlers avec l'hôte. Il installa les deux Anglais dans leur appartement, et abusant de sa déplorable facilité à parler toutes les langues, il resta à converser avec eux. Milady, pour se créer une ressource, lui lança deux mots d'italien, et bientôt des *à-parte* furent échangés dans ce bel idiome, auquel nous ne comprenions rien, milord et moi. Ce dont nous étant aperçus, nous allâmes bras dessus, bras dessous visiter les curiosités du pays.

Schwalbach, ou pour l'appeler par son nom officiel

Langen-Schwalbach, est un long village de 2,000 habitants, qui a été élevé, en 1819, au rang de ville. On n'y vient guère que par ordonnance de médecin, car ce n'est pas un séjour enchanteur. Il y fait très-chaud en hiver et très-froid en été.

L'établissement thermal est situé au fond d'un ravin cultivé en forme de jardin anglais. Une colonnade couverte sert de préau pour les baigneurs, en cas de mauvais temps. On y vend de la musique, des aiguilles anglaises, des verres de Bohême et les romans de Michel Lévy. Un petit orchestre, où le cuivre domine, égaie la promenade.

Les sources sont groupées dans le parc, à portée des buveurs d'eau : on en compte quatre principales.

Le *Weinbrunnen* ou fontaine du vin. Elle doit sa saveur piquante à l'acide carbonique dont elle est saturée. Elle contient aussi beaucoup de fer.

Le *Paulinenbrunnen*, ou la fontaine de Pauline, a été ainsi nommée en l'honneur de la grande-duchesse de Nassau. Elle n'a été découverte qu'en 1828. Elle est fort agréable au goût, — surtout mélangée au vin du Rhin.

Le *Stahlbrunnen* ou la fontaine d'acier, a été découverte, en 1740, par un médecin de Webzlar. Elle contient moins de fer que les précédentes. Pourquoi donc l'appeler la fontaine d'acier? Sans doute parce que, lorsqu'on en sort, on est *trempé*.

Le *Rosenbrunnen*, ou la fontaine de la Rose, est très-peu gazeuse et lourde à l'estomac : elle n'est employée qu'en bains.

L'établissement thermal, construit depuis 1829, contient environ quarante baignoires et plusieurs cabinets de douches. On se baigne, au premier étage, dans l'eau du Paulinenbrunnen, au rez-de-chaussée, dans celle du Stahlbrunnen et du Weinbrunnen. Ces eaux sont chauffées artificiellement, d'après la méthode de Schwartz, car elles n'ont que 10 degrés centigrades.

Tous ces détails nous furent donnés par un Guide du Voyageur aux eaux d'Allemagne, écrit par un touriste anglais, les *Bubbles from the Brunnens of Nassau*, dont milord avait un exemplaire dans son sac de voyage.

L'heure du dîner nous ramena à l'hôtel du *Singe Vert*. Soixante personnes au moins étaient assises autour de l'immense table d'hôte, dressée en forme de fer à cheval. En allemand, hôtel se dit *gasthof*, et auberge *gasthaus ;* c'est de là sans doute que vient le mot français de *gâte-sauce*. Mais, gasthof ou gasthaus, le menu ne varie pas : après la soupe aux herbes arrive un amas de viande sans suc ni saveur, noyé dans une sauce noire et épaisse, puis un plat de lièvre aux confitures, puis une assiette de fruits cuits au four. Le reste est à l'avenant : le pain est gris, le vin aigre, la bière épaisse, le café bourbeux. Il est vrai que toute cette pot-bouille ne coûte qu'un florin par personne. Ce qu'il y a de pire, c'est que, pour un louis par tête, on ne trouverait pas à dîner moins mal. On se trouve à table avec toute sorte de monde : il y a là des banquiers belges, des armateurs hollandais, des grands d'Espagne, des chanteurs italiens, des princes russes, des barons allemands et des chevaliers de tous les ordres civils, religieux et militaires, voire même des chevaliers d'industrie. A ma droite, était un joueur de profession, décavé à Wiesbade; à ma gauche, une lorette émérite; en face un prélat *in partibus,* avare, au dire des garçons de l'hôtel, et ouvrant plus volontiers la main pour bénir que pour donner. N'ayant plus foi sans doute dans la vertu curative de ses prières, Monseigneur était venu demander aux eaux minérales la santé que les jeûnes et l'abstinence n'avaient pu lui rendre complétement.

Après le dîner, on se promène dans les jardins du Casino. Les dames françaises s'asseyent à de petites tables rondes sur lesquelles on sert le café; les Italiennes brodent, mais leur broderie est l'ouvrage de Pénélope; les Allemandes tricotent, et une de leurs paroles correspond tout au plus à une douzaine de leurs mailles. Silencieux et sombres, *les maîtres de la création* fument leurs cigares et tâchent d'oublier qu'ils s'ennuient. Toutes ces baigneuses et tous ces buveurs d'eau avaient l'air très-bien portants.

Quelle est donc la maladie à la mode dont les eaux de Schwalbach procurent la guérison? Elles sont, dit-on, très-efficaces contre la stérilité, à tel point que les bourgeois de Francfort avaient la précaution de stipuler dans leurs contrats de mariage que leurs femmes n'iraient pas plus de deux fois en leur vie aux eaux de Schwalbach, de peur qu'elles ne devinssent trop fécondes. Ces craintes sont dissipées aujourd'hui, dit M. le docteur Const. James, bien qu'on cite encore en ces lieux des grossesses tout à fait inespérées.

Je n'avais nullement besoin de faire la cure, mais j'eus la fantaisie, à tout hasard, de prendre un bain fécondant. Je fis part de cette intention à l'aubergiste du *Singe Vert*, qui s'engagea à me faire obtenir un tour de faveur. On fait queue, en effet, à la porte de l'établissement, et quand on n'a pas retenu son cabinet pour toute la saison, on risque fort de ne pas trouver de baignoire libre. De vingt-quatre heures dont se composent le jour et la nuit, dix-neuf étaient retenues à l'avance par les abonnés, et le maître baigneur, *bademeister*, me présenta une pancarte en me priant de choisir mon tour de bain entre minuit et cinq heures du matin.

— Va pour deux heures, lui dis-je, je veux voir l'effet d'un bain de nuit.

Le soir, après un whist international fait au salon de jeu avec des partenaires badois et norwégiens, je montai dans ma petite chambre, où j'arrivai après avoir erré dans un dédale de corridors. Les appartements de l'hôtellerie du *Singe Vert* ne brillent pas par le confortable. Des chaises dépaillées, une table branlante, un miroir éraillé, un canapé flasque, un petit lit de merisier avec des rideaux blancs, voilà l'ameublement uniforme d'une chambre de baigneur. On n'y dort que de fatigue.

Au moment où je commençais à goûter les douceurs

du premier sommeil, je me sens tout à coup saisir par des bras robustes. En vain je crie et me débats comme un diable dans un bénitier, on m'enveloppe dans ma couverture et l'on m'emporte bon gré mal gré. Je me croyais en proie à un affreux cauchemar. Puis tout à coup j'éprouvai une sensation des plus agréables. J'étais dans le bain. On m'avait descendu dans une piscine taillée dans le roc. Couché sur un lit de sable fin, la tête sur un oreiller de liége, je sentais couler sur mon corps une eau douce, chaude, moelleuse, cristalline comme le diamant, qui, s'échappant du robinet, produisait un léger murmure. Des millions de bulles de gaz glissaient sur mon corps en le chatouillant agréablement, puis s'élevaient à la surface, où elles éclataient en gouttelettes pétillantes qui me sautaient à la figure. Bref, j'étais dans cet état de vague somnolence, comparable à la titillation du magnétisme ou à l'extase des mangeurs de hachisch.

En ce moment, j'entendis deux voix de femme dans le cabinet voisin.

C'est surtout au bain que les murs ont des oreilles. Une conversation entre baigneuses a toujours un caractère mystérieux et confidentiel qui pique la curiosité, et c'est une bonne fortune en pareil cas que d'occuper un cabinet mitoyen, parce qu'étant dans l'eau jusqu'au cou, on se trouve dans l'heureuse impossibilité de s'éloigner par discrétion.

J'écoutais donc, ne pouvant faire autrement.

— Comment le trouves-tu? disait une voix qu'à son

accent on reconnaissait pour celle d'une Anglaise, et pour celle d'une grande dame, au verbe haut et au ton de supériorité.

— Je ne le trouve ni bien ni mal, répliqua la seconde voix qui, à en juger par le diapason plus modeste, ne pouvait être que celle d'une suivante.

Mais, me dis-je à part, une lady, pas plus qu'une marquise, ne tutoie sa femme de chambre; ce doit-être sa sœur de lait.

Je ne m'étais pas trompé. Le ton de familiarité qui régnait entre les deux interlocutrices trahissait une de ces parentés plus communes qu'on ne croit entre femmes, même du plus haut rang.

— N'est-ce pas que sa conversation est bien intéressante? Et puis, quel air honnête! quelle noblesse de sentiments! comme il comprend le divin langage de l'âme! qu'il saisit bien les éclairs de nos pensées et les nuances si délicates du cœur des femmes!

— Madame cause souvent en italien, et...

— Mais hier soir, lorsqu'il lisait au salon ces délicieuses strophes de lord Byron où le poëte rend hommage à la supériorité de notre sexe dans l'art de pleurer et de souffrir, n'as-tu pas remarqué comme les Allemandes sentimentales levaient sur lui leurs yeux d'un bleu humide?

— Elles regardent ainsi tout le monde, à commencer par milord.

— Ne parlons pas de milord.

— Que voulez-vous, madame, il vous aime!

— Et c'est là son tort. De quel droit se permet-il de m'aimer? Tu sais, Lucy, comment j'ai été mariée. Mon père, qui habitait une plantation à quelques lieues de Bénarès, me dit un jour : « Anna, nous allons retourner en Angleterre. Un de mes correspondants, trésorier de la compagnie des Indes, m'a demandé ta main pour son fils. Je la lui ai accordée. Nous partons dans un mois. »

Nous partîmes en effet. Pendant le voyage, j'ai eu un moment de joie et de vrai bonheur. C'était dans les parages du cap de Bonne-Espérance. Une tempête s'était élevée, et notre navire bondissait sur les flots. Je désirais mourir. Je n'aimais personne, pourtant; je n'avais connu là-bas que des étrangers ou des esclaves. Mais j'avais l'instinct de l'amour. J'avais respiré les parfums des fleurs, goûté les fruits d'Asie ; j'avais entendu rugir les tigres et siffler les serpents. Le soleil des tropiques avait bruni mon teint, la lecture de *Paul et Virginie* avait mûri mon cœur. Je me croyais à bord du *Saint-Géran;* j'appelais de mes vœux un naufrage. Je m'étais drapée dans ma robe blanche pour mourir noblement, n'espérant pas vivre heureuse; mais voilà que, par malheur, l'orage s'apaise, et que, pour me narguer, un vent trop favorable nous pousse à Greenwich en moins d'un mois. Milord avait envoyé au-devant de nous sa voiture. Six semaines après nous étions mariés. Il y a de cela bientôt deux ans. Hélas!

— Madame a l'air de se désespérer, comme si ce

mariage était le dénoûment de sa vie, c'est un roman qui commence.

— Je le voudrais, mais tout s'y oppose.

— Pourtant, ce monsieur?...

— Il ne faut pas y songer.

— Il est jeune?

— Non : il a l'âge de raison.

— Aimable?

— C'est un savant : il m'a parlé science et politique, je crois.

— Et vous l'écoutez?

— Je l'aime! Tu t'imagines, peut-être, que l'on n'a d'yeux que pour la jeunesse et la beauté, de cœur que pour les prévenances et l'affection? Non. On aime parce que l'on aime; ces choses-là ne se commandent pas. L'indifférence séduit plus que la galanterie. J'aime cet homme, parce qu'il reste froid quand je me passionne, parce qu'il se dérobe à mon regard et qu'il me fait douter de mon pouvoir; je l'aime enfin parce qu'il ne m'aime pas!

Pendant ce dialogue j'avais retenu mon haleine et ouvert les oreilles toutes grandes, afin de tout entendre sans être entendu; mais, voyant au portrait de l'objet aimé qu'il ne s'agissait pas de moi, je trouvai qu'il n'était guère amusant d'être le confident du bonheur d'un autre, et, pour mettre fin à l'entretien, je toussai discrètement.

Il se fit un silence de cinq minutes, après quoi l'on ne parla plus qu'à voix basse.

Lorsque je sortis du cabinet de bain, il était trois heures du matin. Un garçon baigneur me reconduisit à ma chambre. Je m'endormis, mais je rêvai créoles et soubrettes tout le reste de la nuit.

Le lendemain, pendant le déjeuner, je ne perdis pas de vue la suivante et la maîtresse. Je m'attendais à leur trouver la figure pâle, les yeux cerclés de bleu par une nuit d'insomnie. Au contraire, milady n'avait jamais été plus calme, plus fraîche et plus souriante. Elle échangeait des signes d'intelligence avec Lucy, qui la servait sans embarras ni distractions. Il était aisé de voir pourtant que l'une et l'autre observaient les physionomies des convives, espérant reconnaître l'indiscret voisin qui se trouvait dans la confidence de leurs petits secrets. Je crus faire acte de grande habileté en gardant pendant tout le repas un silence prudent. Ce fut précisément cette réserve affectée qui me fit découvrir. Au moment où je m'y attendais le moins, milady me regarda fixement. Je rougis; un sourire imperceptible effleura ses lèvres dédaigneuses. J'avais cru l'embarrasser très-fort, et c'est moi qui me trouvais dans l'embarras. Je pris un journal pour me donner une contenance. Je faisais semblant de lire : ma pensée était ailleurs, et mes regards se promenaient machinalement sur la page. La table devint peu à peu déserte, et j'étais encore là cloué à ma place. Une large main se posa familièrement sur mon épaule. Je tressaillis, et, bondissant sur ma chaise, je me retournai brusquement. C'était milord.

« Monsieur, me dit-il d'un air aimable, seriez-vous assez bon pour venir faire une petite promenade avec nous jusqu'aux sources de l'Hirondelle? Milady a commandé sa voiture pour deux heures, et elle me charge de vous offrir une place, ainsi qu'à votre ami, cet aimable savant qui a bien voulu nous servir depuis quelques jours de guide et d'interprète.

— Comment donc, milord! mais nous sommes très-honorés de cette marque de courtoisie, et je ne doute pas que mon ami n'accepte comme moi avec empressement l'aimable invitation que vous nous faites. Le temps de le prévenir, et je vous rends réponse. Quant à moi, recevez ma parole et mes remercîments.

Je m'inclinai et montai l'escalier de l'hôtel.

Je trouvai Mentor en train de faire sa barbe. Il était radieux. Sa figure, calme et placide d'ordinaire, avait pris une physionomie gaie et souriante; il se regardait dans une glace pour ajuster le nœud de sa cravate blanche et les angles isocèles de son faux-col.

— Eh bien! m'écriai-je, heureux mortel! vous allez donc en bonne fortune?

— Qui peut vous faire supposer?...

— Parbleu! cette barbe rasée de frais, ces cheveux lissés, cette toilette irréprochable, n'est-ce pas la tenue d'un amoureux?

— Soit! puisque vous avez deviné mon secret, je ne veux pas jouer au plus fin avec vous. Oui, j'aime quelqu'un, et, vous le dirai-je, c'est la première fois de ma vie.

— En ce cas, permettez-moi de vous faire mon compliment. Votre coup d'essai est un coup de maître.

— Vraiment vous n'êtes pas généreux ; si j'ai usé de franchise avec vous, si je suis convenu d'une faiblesse, épargnez-moi, surtout devant elle.

— Vous êtes donc prévenu de la promenade de tantôt ?

— Oui, Lucy est venue elle-même m'apporter une invitation de la part de sa maîtresse.

— Et vous venez ?

— J'irai.

— Où va-t-on ?

— Visiter le royaume des bouteilles.

— Qu'est-ce encore que cette principauté ? Fait-elle partie de la confédération germanique ?

— Vous verrez ; mais me voilà prêt ; on nous attend. Partons.

La voiture nous attendait. C'était une vaste berline avec un siége derrière, pour les domestiques. Lucy y prit place en compagnie d'un garçon de l'hôtel en livrée. Milady fit asseoir Mentor en face d'elle, et je croisai les jambes avec milord, en signe d'entente cordiale. Pendant toute la promenade, la belle Anglaise fut mélancolique et rêveuse. Mentor, au contraire, avait tout son sang-froid. Il causait sans trouble, sans embarras ; je le trouvais bien maître de lui-même pour un amoureux. J'admirais cette audacieuse connivence déguisée de part et d'autre sous le masque de l'indifférence et de l'abandon. Si les hommes ont l'instinct de la faute, les femmes ont le génie de la complicité.

La voiture s'arrêta à quelque distance de la source de l'Hirondelle. Une double haie de bouteilles, sur douze ou quinze de profondeur, formait une avenue en avant du pavillon de la source, et laissait à peine passage pour deux personnes de front. En voyant cette armée de cruchons uniformes, allongeant le cou en avant, comme des personnes curieuses, je ne demandai plus ce que voulait dire le *royaume des bouteilles.* C'est le nom donné à cette propriété qui occupe à peu près huit acres de terrain et qui est entourée d'une haute muraille en guise de fortifications.

Au milieu se trouve le puits ouvert de tous côtés et abrité par un toit d'ardoises. On y descend à la fois soixante-dix bouteilles, assujetties au fond d'un panier. Quand les soixante-dix bouteilles sont pleines, on entend un effroyable *glou glou* au fond du puits, et un cheval aveugle tourne la manivelle qui fait remonter le panier. Arrivent sept jeunes filles agiles et court vêtues, les manches retroussées jusqu'au coude, et les jupes relevées jusqu'à la naissance du mollet. Chacune d'elles porte dix bouteilles suspendues par l'anse aux dix doigts de la main, puis elles vont les placer en rang de bataille sur une longue table. Deux hommes qui se trouvent là y apposent les bouchons, et deux autres, armés de longs marteaux, enfoncent les bouchons en parcourant les bataillons de bouteilles comme un pianiste parcourt les touches d'un clavier. Un nouvel escadron de jeunes filles les enlèvent alors et les portent à d'autres employés qui, à l'aide de lames tranchantes, coupent la portion inutile du bouchon. Cette opération achevée, les cruchons qui ont déjà passé par tant de mains sont remis à des femmes qui recouvrent chaque goulot d'une lame de plomb et disposent ainsi 3,000 bouteilles par jour. Enfin quelques hommes sont chargés d'appliquer sur la feuille métallique les armes ducales, pour éviter autant que possible la contrefaçon. Entassées dans de vastes magasins, les bouteilles n'attendent plus que le moment de l'exportation.

Pendant que nous nous faisions donner toutes ces explications, milord et moi, milady, Mentor et Lucy avaient disparu. Ma curiosité fut plus vite piquée que la jalousie de milord que je laissai, en compagnie d'un employé, déguster les eaux de la source. J'allai, tout pensif, me promener dans un petit jardin attenant au pavillon. — Heureux Mentor! m'écriai-je, que ne donnerais-je pas pour être à sa place! La sagesse et la vertu finissent toujours par être récompensées!

Comme je poussais cette immorale exclamation, je me trouvai, au détour d'une allée, en face de milady. Elle était seule et paraissait préoccupée. Je saluai, en faisant mine de m'éloigner. Elle me retint par un signe imperceptible. J'offris mon bras et nous continuâmes notre promenade.

— Où donc est votre ami ? me demanda-t-elle d'un ton qui affectait de paraître indifférent.

— Je n'en sais rien ; il a disparu tout à l'heure , et...

— Aimez-vous les romans, monsieur ?

— C'est selon...

— C'est que, ma suivante et moi, nous en avons imaginé un, bien innocent je vous assure, et qui, par une singulière interprétation...

Au moment où milady abordait une de ces explications dont les femmes seules peuvent se tirer, un bruit se fit entendre dans le bosquet voisin, petit bruit, mais qu'on entend toujours, celui d'un baiser. En même temps une robe de femme et une silhouette d'homme se dessinèrent confusément à travers la verte guipure des charmilles.

C'était Lucy !...

Milady quitta brusquement mon bras et fit quelques pas en avant, espérant surprendre milord en conversation criminelle avec sa suivante.

Le coupable s'échappa tout honteux... C'était Mentor, le sage Mentor, qui fit voir, par cette fugue, qu'il n'était pas la déesse de la sagesse déguisée en simple mortel.

Milady pâlit d'abord, puis rougit : une larme brilla dans ses yeux, enfin elle partit d'un de ces éclats de rire nerveux, qui ne témoignent pas toujours d'une gaieté folle.

Oh ! stupide ! s'écria-t-elle en haussant les épaules !

Je profitai du trouble inséparable de ces sortes de

dénouements, et laissant milady s'expliquer avec s sœur de lait, je revins en toute hâte à l'hôtellerie d *Singe Vert*.

J'y trouvai Mentor qui avait déjà fait nos malles retenu une voiture pour nous conduire au chemin c fer le plus proche. Il paraissait abîmé dans ses re flexions. Je respectai sa douleur pendant l'espace c cent soixante kilomètres. Arrivé à la frontière, il donn signe de vie en levant les yeux; à Metz, il poussa u soupir; à Châlons-sur-Marne, il rompit enfin le silenc

— Je vais retourner sur mes pas, dit-il, et l rendre l'honneur en l'épousant.

— Epouser qui?

— Lucy, que j'ai séduite et que j'aime..

— Il s'agit bien de vos amours *ancillaires*, ma heureux!

Et je lui racontai l'entretien de la veille et la passio qu'il avait inspirée à une pairesse d'Angleterre.

— Quand je pense, lui disais-je, qu'il n'a ten qu'à vous d'être aimé d'un de ces amours qui fo l'orgueil du cœur et laissent dans la mémoire de doux souvenirs!

— Mon ami, me dit-il en souriant, c'est notre des tinée, à nous autres philosophes, de tomber amou reux des chambrières, trop heureux quand nous ne le épousons pas!

Et voilà de quoi l'on guérit aux eaux de Schwalbach

SCHLANGENBAD.

Le bain des serpents. — L'eau de savon. — Effet d'optique. — La fontaine de Narcisse. — Phénix et Jouvence. — La piscine de l'Electeur. — Route thermale de Biebrich à Schlangenbad. — La vie des eaux en Allemagne. — Les infortunes d'un mari et pasteur badois. — Rosine et l'officier. — Les épreuves du mari avant la lettre. — Les jeux innocents. — Le cotillon. — Les épreuves du mari après la lettre. — L'ermitage du parc d'Amour. — Les oiseaux sont envolés.

Un pâtre du Rheingau, ayant un jour perdu une vache fort maigre et chétive, fut tout surpris de la retrouver grasse et bien portante. Il la vit se désaltérer à une fontaine d'eau chaude connue dans le pays sous le nom de *Schlangenbad* (bain des serpents). Les serpents ont toujours aimé les sources thermales. Ils y trouvent la chaleur humide qui réchauffe et vivifie les hommes lymphatiques et les animaux à sang froid. Les serpents ont leur place dans la thérapeutique comme dans la mythologie. Ils s'enroulent indifféremment autour du caducée de Mercure ou du palmier exotique qui, en province, sert d'enseigne aux pharmaciens.

La Science, qui ne s'accorde pas volontiers avec la Légende, a trouvé une autre explication au bain dit des serpents. Elle prétend que l'onctuosité des sources dépend d'une matière animale que viennent y déposer les petits reptiles (*coluber flavescens*), fort innocents d'ailleurs, qu'on rencontre en grande quantité dans les vallées et les montagnes environnantes.

M. Constantin James, qui est un docteur éclectique (et un peu sceptique), attribue cette propriété savonneuse à une substance argileuse infiniment divisée, dont l'eau se charge dans son trajet souterrain, et qui lui communique aussi son reflet azuré :

« En effet, dit-il, ce qui ajoute encore aux séductions du bain, c'est que, par une sorte d'effet d'optique, la teinte bleuâtre de l'eau minérale fait ressortir davantage la blancheur de la peau, à tel point que, chez les personnes déjà favorisées, vous diriez de l'albâtre. Malheureusement, quand on sort du bain,

« Le peignoir tombe, le corps reste,
« Et le charme s'évanouit. »

Un Français (un coiffeur sans doute) a comparé les sources de Schlangenbad à la fontaine de Narcisse : « Dans ces bains, dit-il, on devient amoureux de soi-même. » — Vous sortez des eaux de Schlangenbad, dit le docteur Fenner, rajeuni comme un Phénix ; la jeunesse y devient plus belle, plus brillante, et l'âge y trouve une nouvelle vigueur. »

Hufeland, qui se préoccupe plus de l'hygiène que de la coquetterie, a dit : « Je ne connais aucun bain aussi capable de prolonger les avantages de la jeunesse et de retarder l'arrivée de la vieillesse ; ma propre expérience m'a appris qu'un usage régulier, annuel de cette eau, commencé à un certain âge, conserve au vieillard sa gaieté et entretient la souplesse et la force dans ses membres. »

N'est-ce pas un peu la fontaine de Jouvence ?

Il est inutile d'ajouter, dit un autre balnéographe, que les femmes sont en grande majorité à Schlangenbad, comme à Ems, comme à Saint-Sauveur, dans les Pyrénées.

Hélas ! si elles y viennent, ce n'est ni par distraction ni par coquetterie. Le séjour de Schlangenbad ne convient qu'aux malades ou aux mélancoliques. On vient s'y guérir d'une chorée persistante ou d'une passion malheureuse. Le seul agrément qu'on rencontre dans ce petit bourg thermal, ce sont les promenades en forêt. On y prend des bains d'air au bourgeon de sapin, ce qui fortifie les malades; on y trouve la solitude, ce qui calme les passions; on y cause avec les arbres et les rochers, ce qui soulage les amoureux.

Les incurables ont la ressource du bain de l'Electeur, piscine toute de marbre, qui jauge autant, dit-on, que le fameux foudre de Heidelberg, et dans laquelle on peut nager tout à son aise.

L'itinéraire de Paris à Schlangenbad est des plus compliqués. De Paris à Mayence, rien de plus direct : de Mayence à Biebrich, ce n'est guère que le Rhin à traverser. De Biebrich à Schlangenbad, il ne reste plus que dix kilomètres, mais là commence la difficulté. Il faut se guider à travers les vergers et les forêts du Rheingau. On suit d'abord la route qui longe la rive droite du Rhin, puis, laissant à gauche Eltville, on s'élève à travers les vignobles, jusqu'au village de Neudorf. On remonte le cours de Wallufbach, laissant à droite le couvent de Tiefenthal, et le moulin monumental, construit par les bénédictins. La route serpente entre des coteaux boisés et de vertes prairies, et arrive par une pente douce jusqu'à Schlangenbad.

L'établissement thermal est adossé à un coteau d'où coulent les sources. Il se divise en deux parties. Le bâtiment supérieur et le bâtiment inférieur. Les sources, au nombre de huit, alimentent les bains et la buvette placée au pied de la terrasse.

Schlangenbad reçoit, tous les ans, de sept à huit cents baigueurs. Ils se partagent entre trois hôtels : l'hôtel de Hesse (Hessischer Hof), l'hôtel de Nassau (Nassauer Hof), qui est une propriété ducale, et l'hôtel de Wiesbade (Wiesbadner Hof).

Bade, Wiesbade, Ems, sont des villes allemandes, l'hiver, et l'été, des cités cosmopolites. Schlangenbad, comme Schwalbach, dont elle n'est séparée que d'une lieue à peine, conserve en tout temps sa physionomie germanique.

Les mœurs des baigneuses et des buveurs d'eau, dans ces bains primitifs, ne ressemblent guère à celles des thermes à la mode et des bruyants casinos des bords du Rhin. Elles n'offrent guère prise à la chronique, mais le roman y trouve son compte, surtout le roman sentimental, qui fleurit, comme le myosotis, sur le bord des ruisseaux et dans la littérature allemande. C'est sur les bords de la Lahn, près d'Ems, qu'Auguste Lafontaine a placé la scène romanesque où Claire du Plessis retrouve son cher Clairant; c'est à Schlangenbad que l'on m'a raconté la nouvelle suivante, empruntée à un romancier allemand. Je la raconte à mon tour, d'après mes souvenirs, comme type original de la vie des eaux en Allemagne.

LES INFORTUNES D'UN MARI ET PASTEUR.

J'avais quitté ma paroisse pour me rendre aux eaux de Schlangenbad, en compagnie de Rosine, ma femme, à moi légitimement unie depuis deux mois.

Nous ne séjournâmes à la résidence du prince de Nassau que pour entendre une prima dona italienne, qui y chantait un opéra nouveau. J'étais bien un peu honteux de prendre part à ce plaisir frivole et si peu convenable pour un propagateur de la vraie doctrine apostolique, mais le spectacle égayait ma petite Rosine, et je remarquai que des gens tout à fait comme il faut riaient également.

A côté de nous se trouvait un conseiller intime du

prince, portant lunettes et se donnant des airs de connaisseur. Sa lèvre dédaigneuse se reposait sur la pomme d'ivoire de sa canne. Il tournait le dos au théâtre et haussait les épaules de pitié chaque fois que le public applaudissait.

— Je ne comprends pas, s'écriait-il, comment on peut rire de pareilles sottises !

Mon voisin de gauche, qui portait toute sa chevelure et paraissait être le doyen des étudiants de l'Université, répliqua très-laconiquement et d'un ton de basse-taille métallique :

— Et moi, je ne comprends pas comment on peut ne pas en rire ! Et il ajouta cette déduction : Pour mes seize groschen je prétends m'amuser tout à mon aise.

— Silence! cria l'agent de police... Grâce à son intervention, le calme se rétablit et je pus jouir du spectacle, ainsi que ma petite Rosine.

Nous prîmes une voiture de louage pour continuer notre route. Arrivés près du village de Biebrich, nous fîmes rencontre d'un officier à cheval. Je l'aurais volontiers évité, car je n'aime les officiers qu'à la parade. Là, du moins, ils sont tout entiers aux manœuvres et ne peuvent s'occuper d'autre chose. Ces messieurs aiment assez à se moquer de nous autres, hommes d'étude, surtout quand nous avons une jolie femme.

Or, Rosine porte beaucoup d'intérêt à MM. les officiers; c'est ce que j'avais déjà remarqué avant notre mariage. J'aurais donc évité volontiers cette rencontre, mais l'officier s'avança sans façon auprès de la voiture et nous demanda où nous allions. Je répondis que nous nous rendions aux eaux de Schlangenbad.

— En ce cas, je vous plains, s'écria le cavalier, car vous avez pris le chemin le plus détestable.

— Comment cela? demanda ma Rosine d'un petit ton mutin, en mettant la tête hors de la voiture.

Mais moi, je la tirai doucement par sa robe, pour la faire rentrer dans son petit coin de gauche, avant que l'officier eût pu la dévisager sous son grand chapeau de voyage.

Alors, piquant des deux, l'inconnu partit comme un ouragan, ce que je ne pus m'empêcher de faire remarquer à Rosine. Mais elle se mit à fredonner ces deux vers d'une ancienne ballade :

« Que ne puis-je le suivre en sa course rapide,
« Et dans les champs de l'air m'envoler avec lui! »

— Comment! avec lui? m'écriai-je.

— Avec *lui*, l'ouragan, dit-elle d'assez mauvaise humeur, en s'arrangeant dans son coin pour dormir.

A la porte de Biebrich, notre voiture s'arrêta, et Rosine ouvrit les yeux.

— Mon petit trésor a dormi comme une marmotte, lui dis-je d'un ton caressant, et je voulus tapoter ses petites joues roses; mais elle me repoussa la main, en disant :

— Finissez donc, vous ne faites qu'abîmer mon chapeau.

En ce moment un homme, ayant un très-grand nez, passa la tête par la portière.

Rosine se hâta de dire :

— Je n'ai rien à déclarer.

— Nous ne sommes pas des agents de l'octroi, répliqua l'individu, mais tout simplement des fonctionnaires chargés de recommander le meilleur hôtel à MM. les voyageurs.

— Et quel est-il ? demandai-je à mon tour.

— Il y en a deux également bons : l'hôtel du Hareng-Bleu-Mourant et celui du Cap de Bonne-Espérance.

— Va pour le Cap de Bonne-Espérance, et que Dieu nous y conduise !

A peine arrivés devant le perron de l'hôtel, et au moment où j'allais ouvrir la portière, j'aperçus qui? Notre jeune officier, qui nous avait devancés et s'apprêtait à offrir la main à Rosine, pour l'aider à descendre de voiture. Je me hâtai de la prévenir. Je saisis mon trésor de la main gauche, et faisant avec la droite un grand geste négatif :

— Avec votre permission, lui dis-je, c'est moi qui m'acquitterai de ce devoir.

Il se mit à rire dans sa moustache blonde, me toisa des pieds à la tête d'un air dédaigneux et alluma un cigare. J'avais presque envie d'aller à l'autre hôtel, mais je jugeai que notre introducteur connaissait la maison et pourrait nous être utile. D'ailleurs, il avait une figure distinguée et portait l'uniforme de volontaire ce qui semblait indiquer un patriote et un fils de famille. Cela était bien de nature à me faire passer sur quelques petits inconvénients.

Le premier soin de Rosine fut de commander à dîner.

Ma femme a une détestable habitude : c'est de dire toujours *je,* quand il faudrait dire *nous,* et *vice versâ.*

Cette fois encore, s'adressant à l'officier : Voulez-vous, dit-elle, accepter de dîner avec moi ?

— Et pourquoi pas, belle dame, répliqua le jeune homme d'un ton cavalier, qui me fit rougir jusqu'aux oreilles.

Après dîner, Rosine demanda de nouveau : Allons-nous nous coucher?

Cette fois elle aurait dû employer la première personne du singulier. Je le lui fis observer par ma réponse :

— Toi, mon enfant, à la bonne heure, car tu dois être lasse, mais nous, nous allons, si monsieur le lieutenant le veut bien, faire un petit tour de promenade.

Nous fîmes trois fois le tour de la ville, en tout, un quart de mille de chemin, et j'en pris occasion pour faire à l'officier l'éloge des qualités morales de ma Rosine. Je n'étais, hélas ! pas très-persuadé moi-même de ses perfections; mais je n'étais pas fâché de la peindre comme une personne réservée, sévère et peu disposée à écouter des galanteries. Ce discours parut faire quelque impression sur l'officier, et je m'applaudis à part moi de cette ruse honnête. De son côté, il m'avoua qu'il ne pouvait comprendre comment j'avais pu parvenir à épouser une aussi jolie femme. Le fait est que Rosine est la rose de la contrée. De tels compliments ne laissent pas que de flatter l'amour-propre d'un mari.

Lorsque nous rentrâmes à l'hôtel il était arrivé de la société. Un homme à moustaches grises, portant une croix de fer sur un habit de velours vert, et une jeune femme d'une beauté angélique, étaient assis à la table et prenaient le café. Rosine était avec eux. Mon officier paraissait très-bien connaître les nouveaux venus, et il chuchota quelques mots à l'oreille de l'habit vert. Puis il me présenta à la compagnie en ces termes :

— Monsieur Anastase Mœhrensaft, théologien distingué, membre de plusieurs sociétés savantes, spécialement de la société biblique et *pastor ordinarius*.

D'où vient donc que cet homme savait mes noms, titres et dignités?

On se remit en route, et il fut convenu que notre voiture suivrait celle du lieutenant-colonel. Au moment du départ, Rosine, avec sa petite langue de vif-argent, s'écria :

— Surtout, arrangez-vous bien de manière à ce que *je* ne verse pas.

— Que *nous* ne versions pas! repris-je encore une fois, car j'en suis aussi, et le ciel nous préserve d'un accident!

Dans la voiture, je voulus lui adresser quelques réprimandes.

— Il n'y a que les égoïstes, lui dis-je, qui emploient le *moi* si fréquemment dans leurs discours. N'as-tu pas lu, d'ailleurs, dans la Sainte-Ecriture, que l'homme et la femme ne sont qu'un corps et une...

— Ça n'est pas vrai, reprit-elle d'un ton mutin; et si cela est vrai, alors tais-toi avec ta moitié, car l'autre moitié veut dormir.

Je n'avais rien à répondre, car cela était logique.

Elle dormait; pour moi, je veillais et l'officier me trottait dans la tête. Il devenait évident que ce n'était pas d'hier qu'ils se connaissaient. Son père aime tout ce qui porte un sabre, et s'est, à grands frais, abonné au journal militaire.

Mais je sais ce que je vais faire. Je prierai la belle et douce dame du lieutenant-colonel de prendre aux eaux ma petite Rosine sous sa protection; sans quoi, je n'aurais pas une heure de bain tranquille; heure qui, du reste, d'après le programme affiché par l'administration, ne dure que cinquante minutes.

. . . .

Les bains produisent sur moi un excellent effet et Rosine s'en trouve également bien. Chaque jour elle devient plus aimable pour moi, mais cela en reste là. Autrefois, du moins, elle m'accordait encore de temps en temps un baiser sur la joue. Mais ici, il faut que je me contente de la main, et même, en public, du gant qu'elle ôte tout au plus à table.

. . . .

Je ne m'étais pas trompé.

L'officier et elle sont de vieilles connaissances. Il a été naguère en garnison dans le pays de mon beau-père. Il était reçu dans la maison. Aussi est-il tout à fait sans gêne avec elle, à mon grand scandale.

A tout prendre, je serais heureux ici, mais Rosine me querelle sans cesse; elle regrette la joyeuse vie qu'elle menait chez les parents, et quand parfois je lui reproche sa gaieté folle, elle fait la moue, m'appelle fâcheux, et me dit que j'ai l'air encore plus respectable que mon livre de cantiques, relié en cuir de Cordoue. Sont-ce là, je vous le demande, des propos qui conviennent à l'épouse d'un pasteur ?

Je me plaignis dernièrement de mes chagrins à la femme du lieutenant-colonel, mais comme je fus bien reçu ! Elle prétendit que c'était ma faute, que je faisais trop le maître d'école, et que lorsqu'on avait le bonheur de posséder une jeune et jolie femme, c'était bien le moins qu'on la laissât rire à sa fantaisie.

« Mais mon bon Dieu! répliquai-je, elle rit constamment. Aux eaux, passe encore! Mais quand nous serons revenus au presbytère de Distelrode, elle en aura pris l'habitude! Ah! si du moins elle pouvait prendre modèle sur vous, si elle avait la bonté angélique et la réserve de votre grâce!

L'officier ne quitte presque pas Rosine, et tous deux ont l'air de me regarder comme la cinquième roue d'un chariot. Pour conjurer cette influence, je sème autour de moi des sentences morales, mais ils se mettent à rire et prétendent que les pensées sérieuses contrarient l'effet salutaire des eaux.

L'autre jour, dans le pavillon de la source, entr'autres divertissements payens, on jouait aux proverbes et aux charades en action. L'officier représentait Pygmalion et Rosine devait figurer la statue. Par bonheur, j'avais lu cette histoire dans le *Dictionnaire de la Conversation*, et je dérangeai à temps le programme en m'offrant pour représenter Galathée. L'officier s'y refusa et persista à vouloir modeler Rosine ; mais elle le contint par un regard plein d'amabilité, et moi je lui dis :

« Je suis vôtre, tant qu'il vous plaira. Quant à ma femme, veuillez la laisser en paix et ne pas la compromettre dans ces tours de comédien. Prenez-moi plutôt si vous avez besoin de quelqu'un.

— Tope là, me dit-il, je vous prends au mot.

On écarte promptement les tables et les chaises, et la société se range en demi-cercle. L'officier prend le mouchoir blanc d'une dame et m'offre le bras comme à une fiancée. Il fait avec moi le tour de la société, et chaque fois qu'il avait embrassé une dame, il m'essuyait le visage avec le mouchoir. Arrivé à Rosine, il imprima sur ses deux joues deux baisers qui retentirent douloureusement en mon cœur, et tout le monde me montrait du doigt et s'écriait : Ah ! ah ! le chevalier de la triste figure !

C'en est donc fait ! il lui a donné un baiser. Depuis que je nomme Rosine ma femme, un baiser d'elle a été la plus haute faveur dont j'ai été appelé à jouir. Encore ne l'ai-je obtenu que dans les rares moments où elle daignait se montrer gracieuse. Mais lui, il a obtenu en jouant cette caresse que je suis obligé chaque fois, moi son époux, de mendier comme une aumône!

Le lendemain il pleuvait à torrents. Force nous fut de demeurer dans le salon de Conversation. Un joueur de gobelets, se disant physicien, exécutait des tours. Cette fois, j'avais mieux pris mes précautions, et j'avais placé Rosine entre moi et un libraire de Leipsick, que je soupçonnais d'être phthisique. Ce soir-là, l'officier, contre son habitude, ne s'occupa que fort peu d'elle, mais il avait l'air de se dire: « Mes affaires vont bien! »

A la fin le joueur de gobelets demanda qu'on voulût bien lui confier une montre. Rosine s'empressa de détacher la sienne de sa ceinture, ce qui était déjà un tort, puisque cette complaisance attirait l'attention sur elle. Le physicien met sous nos yeux la montre dans un mortier d'apothicaire, la brise en mille morceaux, la réduit en poussière, en charge un pistolet, et prie l'officier de le tirer par la fenêtre.

Jusque-là j'avais gardé bonne contenance; mais à ce moment, la patience m'échappa, et je voulus m'élancer, car la montre m'avait coûté neuf carolins; mais Rosine me retint par le pan de l'habit, me fit rasseoir sur ma chaise et me chuchota à l'oreille:

« Ne te rends donc pas ridicule; c'est tout bonnement un tour d'escamotage. Sois tranquille, la montre reparaîtra. »

Au même instant, le pistolet part; quelques dames s'évanouissent et une odeur de poudre aromatique se répand dans toute la salle. Le magicien s'écrie avec emphase :

« La montre de madame est suspendue aux persiennes de la troisième chambre à droite ! »

Rosine veut courir pour s'assurer du fait ; mais, grâce à mes longues jambes, je l'eus bientôt devancée et j'arrivai le premier à l'endroit indiqué. La montre était bien suspendue à la persienne !

Tandis que je la détache, une petite dentelle de papier met le nez hors de la boîte. Rosine, qui était sur mes talons, veut me l'arracher des mains ; mais, malgré mon saisissement, j'eus la présence d'esprit de dire avec beaucoup de dignité :

« Madame, j'aurai tout à l'heure à causer avec vous ! »

Ce disant, je mis le petit billet en lieu sûr, car de douloureuses appréhensions me venaient à l'esprit. J'étais sur des charbons ardents.

Enfin, la séance se termina et l'on prit le thé. J'en profitai pour me retirer dans un coin désert et silencieux, et je dépliai le billet. Mes mains tremblaient et mes yeux troublés pouvaient à peine lire l'écriture. Ce billet ne contenait que ces deux mots : « C'est convenu. »

— De quoi donc peuvent-ils être convenus, me disais-je, en secouant la tête. Ces paroles sont bien vagues et pourtant bien significatives !

Je pris Rosine à part et lui montrai le billet, en m'écriant :

« Malheureuse! qu'est ce qui est convenu?

— Que tu es un fou, répondit-elle en riant, et elle m'arracha le billet des mains.

Cette conclusion me surprit; mais le moyen de trouver une explication plus satisfaisante à cette énigme!

Le lieutenant-colonel et sa dame sont partis. Cela me fait beaucoup de peine, car je perds un bon joueur d'échecs, et Rosine se trouve maintenant sans aucune surveillance. Il est vrai que l'officier est également parti, Dieu merci! Je devrais en être satisfait; il semblerait que son départ dût ramener la paix et l'union dans mon intérieur; mais, au moment des adieux, j'ai cru voir que Rosine était persuadée qu'il ne tarderait pas à revenir.

Sans doute, nul ne doit souhaiter de mal à son prochain, et les gens de notre robe moins encore, s'il est possible, que les autres; mais si (ce que je ne souhaite pas) l'officier se cassait le cou, je n'y verrais pas grand mal; car enfin, nous autres pasteurs, nous sommes des hommes aussi, et la tolérance peut nous devenir bien difficile quand il s'agit de la paix du ménage et de la réputation de notre femme.

Rosine continue à être heureuse intérieurement: donc, elle espère quelque chose! Quant à moi, depuis quatre jours, je n'ai pas mis le pied hors de la maison. Je ne sors que pour aller prendre mon bain, et, pour cela, j'ai choisi l'heure matinale à laquelle Rosine est encore endormie. Dans l'après-midi, j'accompagne Rosine à la source minérale. Jusqu'alors, elle s'en était accommodée, mais hier, la patience lui a échappé, et elle m'a demandé d'un ton impérieux :

« Décidément, suis-je votre prisonnière ou votre femme? Vous ai-je sacrifié les plus doux trésors et les fleurs de ma jeunesse pour vous voir dévorer comme un loup-garou les plus innocentes de mes joies? »

Je ne savais pas, il est vrai, quel si grand sacrifice elle m'avait fait, mais son ton de colère m'avait intimidé à tel point que je ne trouvai rien à lui répondre. Mon silence l'enhardit encore davantage.

« Savez-vous, ajouta-t-elle, que dans la maison de mes parents je menais une tout autre vie, et que tout le baillage, depuis le fils du seigneur jusqu'au dernier manant, s'étudiait à complaire à mes moindres fantaisies! Certes, si vous persévérez dans ce mode de conduite, je sais bien ce qu'il me reste à faire! »

Il n'y a pas moyen de lui faire entendre raison, car elle n'a pas une ombre de logique. En somme, le mariage est une sotte chose, car il n'a ni théorie absolue, ni prémisses soutenables.

Pour remettre Rosine en bonne humeur, je m'offris à lui faire faire un tour de promenade. A cette proposition, les nuages de son front disparurent comme par enchantement.

Nous nous dirigeâmes vers le parc par un sentier ombreux, et, après bien des détours, nous nous trouvâmes, contre mon gré, au pavillon de la source.

Il était arrivé des étrangers et la réunion était fort

animée. Un marchand forain du Tyrol avait dressé, au milieu d'un rond-point de gazon, une table de jeux de hasard. Rosine était déjà devant l'échoppe, jetant un regard de convoitise sur tous les objets qui s'y trouvaient étalés. En vain je la rappelai au sentiment des convenances qu'exige ma position; en vain je lui représentai le jeu qui a le gain pour but comme désagréable à Dieu; je continuais à prêcher dans le désert et la destinée me réservait d'autres tribulations.

Rosine s'était emparée des dés et du cornet qu'elle maniait avec une adresse qui me fit frissonner. Elle lança son coup d'une main dégagée, et se penchant sur la table :

— Seize, s'écria-t-elle, et elle porta la main sur un aiguillier d'argent.

— Je tiens contre seize, dit une voix derrière moi; je frémis, je me retournai et je reconnus le maudit officier.

Il me salua et me pria fort tranquillement de lui faire place pour qu'il pût jouer contre Rosine.

Rosine gagna l'aiguillier, me le fit passer brusquement sous le nez et me dit en riant :

« Vois donc, Anastase, comme il est joli, et pas du tout cher! »

J'étais si contrarié, si mal à mon aise, que je désirai rentrer tout de suite à la maison. Elle me regarda d'abord d'un air sombre, puis d'un air aimable, puis encore d'un air sombre; enfin elle me prit à part et me dit avec une petite moue lutine :

« Tu voulais avoir un baiser aujourd'hui, mon petit Tatase ; eh bien, je t'en donnerai deux, mais restons encore ici. »

Que devais-je faire ? Après une courte réflexion, je pris les baisers en espérance et je restai.

Mais je ne me fais pas illusion. C'est maintenant surtout qu'il me faut recourir à une sage et active surveillance, car il se trame quelque chose contre moi.

Hélas ! hélas ! que ne suis-je resté dans mon presbytère de Distelrode !

Le lendemain, j'eus un entretien sérieux avec Rosine. Abordant nettement la question, je lui reprochai d'être d'intelligence avec l'officier. Je suis très-bon de mon naturel, mais quand la colère me prend, je deviens terrible.

« Malheureuse ! m'écriai-je, ne te souvient-il plus qu'en te passant au doigt l'anneau d'or, je t'ai délivrée de l'esclavage d'une méchante belle-mère et élevée au rang de dame, que tu pourrais soutenir avec honneur et gloire si tu avais la conscience des devoirs que ce titre t'impose. J'ai cependant pour toi toutes les prévenances possibles. Je t'aime et je ne demanderais pas mieux que de te procurer de temps en temps un petit plaisir, pourvu qu'il fût compatible avec les règles de l'état ecclésiastique et de la modestie chrétienne. »

Je parlai ainsi longtemps et avec dignité. Mes paroles produisirent sur elle quelque effet ; je ne puis cependant pas me flatter qu'elles aient complétement touché le cœur quelque peu indiscipliné de la chère petite mondaine.

Et en effet elle ne se gêna pas pour me répondre d'un petit ton sec :

« En quittant ma belle-mère pour vous épouser, je n'ai fait, comme on dit, qu'échanger la pluie contre une gouttière. On n'est jeune qu'une fois dans sa vie, et je veux jouir de ma jeunesse tant qu'elle est dans sa fleur. Quant à vous, vous n'êtes qu'un pédant, un Mentor fâcheux et maussade, fait pour contrister toutes mes joies. Ah! si c'est là le bonheur que procure le saint état du mariage, le peu que j'en connais aujourd'hui est bien loin, hélas! de ce paradis que je n'ai fait qu'entrevoir dans mes rêves de jeune fille... »

Ainsi donc, mon bon Dieu, l'amour de l'ordre, l'habitude de se lever à une heure régulière, de jouir des dons du Seigneur avec méthode et ponctualité, voilà ce que les femmes d'à présent appellent du pédantisme. Le sentiment des joies paisibles et douces tend à se perdre de plus en plus parmi elles, à mesure que leur prétendue éducation supérieure se développe. Elles ne se plaisent que dans les plaisirs bruyants, les spectacles, les danses et les jeux. Il leur faut tous les jours de nouveaux visages, tant qu'elles sont jeunes et jolies. Puis, quand l'âge leur vient, elles dardent contre le prochain leur petite langue acérée et tuent l'ennui à l'aide de la médisance.

Dernièrement, il y avait bal. Ce mot seul me met en convulsion. Mais Rosine se hérissa de toutes ses armes et toute la société des eaux déclara unanimement que le mari qui prétendrait priver sa moitié de cette joie innocente serait mis au ban par elle; de sorte que je dus céder, à mon grand regret. Notez que nous sommes en juillet et que, le jour du bal, nous avions une température torride. C'était donc folie déjà que de songer à danser par une chaleur pareille. A la deuxième valse, tout le monde était en nage et la salle était devenue une véritable fournaise.

Il est vrai que Rosine danse très-joliment. Elle s'est formée dans la résidence aux belles manières. Elle me faisait vraiment plaisir à voir, et cet agréable spectacle me fit endurer les ennuis de la soirée.

Les danses d'aujourd'hui ont dû être inventées par les amoureux, car elles sont toutes à leur avantage, surtout le cotillon. On croirait ne voir danser que des fiancés, car à chaque instant ils s'élancent à travers la salle comme des possédés pour se jeter dans les bras les uns des autres. Ma Rosine dansait avec l'officier, car on pense bien qu'il n'aurait pu manquer à cette fête. Il ne la quittait pas plus que son ombre. Rosine était charmante et attirait les regards de tout le monde. A quelque distance du genou, elle avait sur sa robe attaché une rose que mon voisin, ingénieur civil, appelait un *fort détaché*. Je ne sais pas, il est vrai, la valeur réelle de ce mot technique; toujours est-il que cette rose lui allait merveilleusement bien.

A côté de moi se trouvait un ci-devant jeune homme, ayant atteint la quarantaine, et dont les longs cheveux ruisselaient comme un saule pleureur après la pluie. Sa tunique noire paraissait l'incommoder. Comme il demeurait continuellement à sa place, je me dirigeai de son côté et je liai conversation avec lui.

— Comment ne dansez-vous pas, lui demandai-je, vous qui êtes encore un jeune homme?

— C'est que je ne connais personne, et ici, tout est concerté d'avance entre ces dames et leurs cavaliers. C'est pour cela qu'ils ont appelé leur danse cotillon, parce que c'est la jupe qui y fait loi. Voyez plutôt : Mlle A... prend M. B... et le conduit à Mlle C..., qui, en retour, lui amènera M. D... C'est une réciprocité de bons offices. Cela dispense les dames de déclarer trop ouvertement leurs préférences; elles se reposent de ce soin sur leurs bonnes amies et serviables compagnes.

A cette révélation lamentable, mon sang se glaça dans mes veines. Non! m'écriai-je, je ne puis pas laisser plus longtemps Rosine au milieu de cette danse païenne, et, quittant brusquement mon interlocuteur, je courus auprès d'elle et lui dis à voix basse :

« Rosine, si ton honneur et le mien te sont chers, tu vas t'éloigner bien vite de cette ronde de sorciers!

— Quitter la danse! s'écria-t-elle, en relevant sa lèvre supérieure par un mouvement fébrile. A quoi pensez-vous?

— Je pense au salut de ton âme, lui dis-je d'une voix émue. Mais elle éclata de rire et prétendit que la chaleur avait sans doute altéré ma raison. »

Il faut que l'officier ait eu vent de mon projet, car, sur-le-champ, il intervint et protesta, en faisant, en termes pleins d'enflure, l'apologie de cette danse.

« C'est, dit-il, la danse de l'amitié, divertissement honnête, qui n'est en rien contraire aux lois de la plus sévère morale! D'ailleurs, ajouta-t-il, nous en sommes à la dernière figure, la plus jolie de toutes, et dont vous serez vous-même émerveillé. »

Je cherche un argument à lui répliquer; mais avant que j'aie pu trouver un mot, ma Rosine tourbillonnait déjà dans la cohue infernale.

« Allons, me dis-je, il faut boire le calice jusqu'à la lie! Voyons au moins cette dernière figure, qu'on dit si merveilleuse! »

Grand Dieu! quelle fut ma surprise, quand je vis danseuses et cavaliers se prendre par la taille et sauter comme des possédés autour de la salle. Je crois vraiment que le monde touche à sa fin, car tout est renversé, tout marche à rebours. Les hommes galopent comme des chevaux de poste, et ceux-ci font à peine un pas en avant, comme s'ils dansaient le menuet.

Aux derniers accords de la musique, Rosine exténuée et haletante s'affaissa dans un fauteuil. Je m'assis auprès d'elle, et j'allais lui démontrer logiquement que le monde menaçait de se transformer en une grande maison de fous; mais elle se laissa aller en arrière, agita son éventail, demanda une tasse de thé et s'écria :

« Mon Dieu! que la vie est belle! »

Cette maxime païenne, Rosine l'aura sans doute encore cueillie dans quelque recueil poétique. Pour moi, j'en ai par-dessus la tête de la vie que je mène ici, surtout depuis quelques jours. En vérité, si je n'étais un chrétien orthodoxe, Satan aurait une belle occasion de faire naître en mon âme désolée la pensée diabolique du suicide. Mais non, je veux persévérer jusqu'au bout. J'ai déjà mérité le ciel, car j'ai souffert comme un pasteur marié peut seul souffrir.

. . . .

. . . .

. . . .

Je suis maintenant plus pauvre d'un trésor, et plus riche d'une expérience.

Le trésor que j'ai perdu, c'est ma douce, non! ma cruelle Rosine.

Ma plume tremble dans ma main, autrefois si ferme, quand je trace sur le papier ce nom de malheur. N'importe! par amour du prochain, et pour servir d'avertissement à tous mes chers frères et respectables collègues, qui sont dans le même cas que moi, je veux raconter ici le douloureux événement, l'effroyable catastrophe dont j'ai été victime; je la raconterai avec tout le stoïcisme d'un gazetier.

Si les hommes pouvaient devenir sages par l'expérience d'autrui, ma triste histoire profiterait du moins à quelqu'un.

A tout hasard, je raconte.

Le lendemain du bal, Rosine dormit plus longtemps

que de coutume ; elle resta au lit jusqu'à près de midi. Par désœuvrement, et sans aucune arrière-pensée, j'ouvre son nécessaire et je mets la main sur l'aiguillier d'argent qu'elle avait gagné à la loterie. Je l'ouvre machinalement, et, comme dans la montre, j'y trouve un petit billet. Je le déploie en toute innocence, et je reconnais la même main qui avait écrit ce fatal : *C'est convenu !*

Cette fois du moins le sens des paroles était moins vague. Dès que je fus un peu remis de mon émotion, je lus avec des palpitations de cœur ce qui suit :

« Rosine,

« Il faut que samedi prochain fasse notre bonheur. Ce jour-là,
« il étudie son sermon du dimanche pour n'en pas perdre l'habi-
« tude. Nous pouvons donc agir.

« A huit heures précises, je serai avec des chevaux et une
« chaise de poste, auprès de l'Ermitage, dans le parc d'Amour.

« Rosine, vous savez si je vous aime, vous savez qui je suis.
« Je vous attends.

« F..... »

Dans le premier moment je fus incertain sur ce que je devais faire, parce que le cas était absolument nouveau pour moi. Mais, après avoir mûrement réfléchi, voici le calcul logique que je fis en moi-même :

Primo : Si tu lui montres le billet, tu t'exposes comme naguère à la voir se renfermer dans un système de mutisme complet ou de négation systématique.

Secundo : Si tu gardes le billet, elle en remarquera l'absence et se doutera de quelque chose. Cela peut, il est vrai, contrarier leur projet, mais ce ne sera que partie remise. Le moyen n'est donc pas radical : c'est tout au plus un palliatif.

Tertio : Mais si tu remets le billet à l'endroit où tu l'as trouvé ; si, en outre, tu ne laisses paraître rien de ta découverte ; si tu te caches dans l'ermitage indiqué, que là tu attendes l'auteur de l'épître et que tu l'appréhendes au corps avec l'invitée, la preuve sera complète, oculaire et irréfragable. Alors tu auras encore le choix : ou bien, avec l'Ecclésiaste, d'arracher l'œil qui te scandalise et de le rejeter loin de toi, ou de pardonner pour qu'il te soit pardonné à ton tour.

Après ce long entretien avec moi-même, ma résolution fut prise.

. . . .

. . . .

. . . .

Hélas! c'est bien le cas de dire en commençant ce chapitre : L'homme propose et Dieu dispose. Je proposai, mais le ciel en disposa autrement.

Le samedi, jour fatal, je m'enfermai avec mes livres dans un recoin de l'établissement dont j'avais fait mon cabinet d'étude. J'avais mis ma robe de chambre pour donner encore plus de sécurité à la coupable.

Deux heures avant la tombée de la nuit, je descendis furtivement, et, me glissant au fond de la cour, le long du poulailler, je sortis par la porte de derrière. Longeant ensuite le boulevard extérieur, je traversai les fossés de la ville, et j'arrivai, du côté des champs, à l'Ermitage du parc d'Amour. Ce parc est un petit bois qui sert souvent de promenade aux baigneurs, surtout quand le temps est très-chaud. Quant à ce qu'on appelle l'Ermitage, ce n'est autre chose qu'un très-gros arbre rond et creux, dans lequel on a pratiqué une guérite, avec une porte tournante. Je m'y glissai sans être aperçu, et, comme j'avais encore une couple d'heures à attendre, je cherchai un endroit convenable pour m'asseoir et pour lire un chapitre des consolations philosophiques de Sénèque.

Justement, en face de la porte, il y avait un fauteuil de campagne. Je m'assieds; mais à peine le poids de mon corps a-t-il pesé sur le dossier, que je tombe soudain à la renverse, les jambes en l'air. Au même moment, un bruit semblable à celui d'un rouet mal graissé se fait entendre, et je me trouve environné d'épaisses ténèbres.

A part la frayeur que je devais naturellement éprouver, je ne m'étais fait aucun mal. Je ne tardai pas à me rendre compte du singulier phénomène qui avait amené ma chute et avait épaissi autour de moi cette soudaine obscurité.

Le siége sur lequel je m'étais assis était ce qu'on appelle un fauteuil à secret. J'avais entendu parler de cette attrape au pavillon de la source, mais je ne m'attendais pas à faire si hors de propos l'expérience de son ingénieux mécanisme.

Je me dirigeai à tâtons vers la porte, mais quel fut mon saisissement quand je m'aperçus qu'elle communiquait avec le fauteuil au moyen d'un ressort secret qu'il fallait retrouver pour pouvoir l'ouvrir. En vain je tâtonnai autour du maudit fauteuil, en vain je le remuai et le secouai, appuyant tantôt sur le dossier, tantôt sur les bâtons, toute ma peine fut inutile.

Je tournai ainsi une heure et plus autour de l'arbre creux, comme un écureuil dans sa cage. La sueur coulait à grosses gouttes sur mon visage, l'angoisse me tordait le cœur, et ma colère toujours croissante finit par s'épancher en un torrent de larmes amères.

Je n'ai jamais pu souffrir l'Imagination, cette mère des passions qui a tant contribué à démoraliser le monde. Aussi me suis-je toujours efforcé d'éteindre en moi le peu d'imagination dont j'ai hérité de ma mère. Eh bien ! le peu qui m'en reste, qui eût à peine suffi pour composer un chant des *Niebelungen*, ce pâle rayon en fut assez cependant pour éclairer d'une lueur fatale ma triste situation, et devint pour moi, dans mon oubliette solitaire, une incessante et intolérable torture.

Grâce à cette lanterne magique des âmes, je vis passer devant moi la voiture du ravisseur, dont les roues sillonnaient sans bruit le sable humide du parc d'Amour. Rosine y monta doucement, appuyée sur le bras du maudit officier, et mêla sa blonde chevelure à la fourrure épaisse de son dolman. Puis ils partirent au milieu d'un gazouillement de baisers qui retentirent au plus profond de mon cœur, et je me mis à pleurer, non plus de rage, mais de douleur.

Tout croyant que je suis, je ne pus m'empêcher de maudire l'injustice du sort. La foi et la résignation m'aidèrent pourtant à mettre les menottes à mon imagination trop riche, et, à force de prières, je m'endormis. Mais mon sommeil était si agité, que je continuais à parler et à agir les yeux fermés. Ma main, tâtonnant à l'aventure, heurte une poignée en fer; soudain le rouet se remet à grincer et l'air vif et frais de la nuit me réveille. Ma cage était toute grande ouverte.

La pluie tombait par torrents. La lune, défavorable aux époux, s'était dérobée derrière les noirs rideaux du ciel. Je parcourus dans tous les sens le perfide parc d'Amour, et, après une heure de vagabondage, je parvins à en retrouver l'issue.

Je courus à ma demeure. Là, nouvel embarras. La maison était fermée à clef, et je fus obligé d'aller réveiller à grand bruit le veilleur de nuit. Il m'accompagna d'abord d'assez mauvaise humeur, puis, s'égayant outre mesure, il me fit compliment sur mes bonnes fortunes, alléguant qu'à une pareille heure on ne pouvait revenir que d'un rendez-vous d'amour. Hélas!

. . . .

Je me retrouvai bientôt devant le lit de ma petite Rosine, il était blanc comme la neige. Le couvre-pieds, coquettement rejeté en arrière, semblait attendre la jolie dormeuse. Je me remis à pleurer amèrement. Sur un des oreillers, à côté de son fin peignoir de batiste, je trouvai une lettre non cachetée, à mon adresse. Toujours la même écriture!

« Ne soyez pas surpris, monsieur Mœhrensaft du départ de « celle que je vous prie de considérer désormais comme ma « femme. Je vous dois à ce sujet quelques explications qui vous « sont indispensables, pour que vous ne puissiez en aucune fa- « çon vous méprendre sur les motifs du parti violent où j'ai « entraîné Rosine.

« Si Rosine vous épousa, ou plutôt se laissa unir à vous, elle « y a été forcée par l'autorité d'une belle-mère dont vous avez « pu vous-même apprécier les sentiments pour sa fille adoptive. « Une union contractée sous l'empire d'une pareille contrainte « morale, ne peut en aucune façon être considérée comme va- « lable et sacrée. Avant de vous connaître, elle m'avait juré un « amour éternel.

« Obligé, par une affaire d'honneur, de quitter le pays, je « n'ai pu prévenir cette union par le récit fidèle que je vous « eusse fait de nos mutuels engagements. Je ne doute pas que « votre loyauté n'eût reculé devant le crime légal auquel vous « avez, sans le savoir, prêté les mains. Quand je retrouvai « Rosine, il ne nous restait plus à prendre que le parti que nous « avons pris.

« J'ai la conviction, Monsieur, que vous ne mettrez aucun « obstacle au divorce que nous sollicitons. Vous donnerez plu- « tôt à Rosine une haute marque de votre estime, en nous ai- « dant, de tout votre pouvoir, à faire sanctifier par la religion « le lien indestructible qui l'unit à moi.

« Fiedrich d'Eisenchwerdt. »

J'étais donc là, dans cette chambre à coucher, auprès de la tombe ouverte de mon paradis terrestre. Le rêve d'une année s'était évanoui et je m'éveillais veuf sans avoir été époux.

Que devais-je faire?

Je tuai l'homme en moi; et le philosophe rentra dans ses droits. La saine logique reprit la place qu'avait un moment usurpée la rêverie amoureuse. Après avoir fait l'analyse exacte de ce qui m'était arrivé, je trouvai, comme résultat synthétique, que tout bien considéré, Rosine n'était pas la femme qu'il me fallait.

Pour sauver du moins les apparences, je prétendis que ma femme était partie en avant par la poste; je payai mon compte à l'hôtel, et je repris le chemin de Distelrode, me promettant bien de ne plus m'y laisser reprendre, et priant Dieu de me garder désormais, comme du péché, des femmes, des eaux et des officiers.

. . . .

Schwalbach et Schlangenbad ne sont pas les seuls bains qui offrent le type original de la vie des eaux en Allemagne. Il y a, dans toute la Confédération Germanique, beaucoup de villes d'eaux qui ne peuvent entrer dans le cadre de cet ouvrage, ou du moins dans la première édition.

Il y a d'abord *Nauheim*, qui a inspiré un livre charmant à mon confrère Henri de Pène; puis ***Hombourg*** qui, à lui seul, pourrait fournir matière à un volume; puis *Carlsbad* et *Marienbad*, en Bohême; puis *Wilbad*, puis *Willemsbad*, puis *Kissingen*, puis *Soden*, puis *Heilbrunn*, puis *Tœplitz*, puis *Pyrmont*, etc., etc., etc., etc., etc., etc., etc., etc., etc., etc., etc., etc.

WIESBADE.

SAISON 1856-1857.

Le médecin Tant-Mieux. — Origines de Wiesbade. — Les Mattiaques. — Epigramme de Martial. — Germania togata. — La XXIIe légion. — Le mur des païens. — Le *Pfahlgraben*. — Le *Badesee*. — Décadence et grandeur de Wiesbade. — La maison de Nassau. — Le comte de Chambord. — Brelan de rois. — Le château de Biebrich. — Le burg de Mosbach. — La chapelle grecque. — Le *Kursaal*. — Côté cour et côté jardin.

Une maxime, digne de l'école de Salerne, est inscrite sur le fronton d'un des établissements hydrothérapiques de Wiesbade. Elle dit que, « pour se guérir, il faut être exempt de soucis [1]. »

Les villes d'eaux facilitent à merveille cette ordon-

1. *Curæ vacuus hunc adeas locum ut morborum vacuus abire queas, non enim hic curatur qui curat.*

nance du médecin Tant-Mieux : A côté des sources où l'on boit la santé, elles ont élevé de petits temples consacrés aux Nymphes, aux Ris... et aux Jeux. Après la cure du matin, viennent les distractions de la journée, puis le bal ou le concert du soir. Esculape n'a pas oublié que son père s'appelait Apollon.

Wiesbade, dit le néo-archéologue Méry, a été fondée le 31 décembre 1837, à minuit, le jour où furent supprimés, à Paris, les maisons de jeu du Palais-Royal et les salons de Frascati. La roulette et le trente et quarante émigrèrent au delà du Rhin, et formèrent un petit camp de Coblentz contre lequel les touristes français entreprennent chaque année une nouvelle campagne du Rhin.

Wiesbade a une autre origine, plus noble et plus ancienne; c'est à ses eaux, non à la roue de fortune, qu'elle doit sa première renommée. Du temps des Romains, elle était déjà connue comme station thermale. On y venait prendre les eaux de la colonie voisine *Moguntiacum*.

Tacite, le peintre éloquent de la vieille Germanie, nous apprend que les Mattiaci, tribu germaine, occupaient le *Wiesenbad* ou *Mattenbad;* les deux noms signifient *bain des prairies*. Pline l'ancien, le naturaliste, est bien plus explicite. Il a consigné dans son *Histoire naturelle,* de la manière la plus positive, l'existence et la vertu des sources de Wiesbade [1].

1. *Sunt et Mattiacis, in Germaniâ fontes calidi quorum haustus,*

« Il existe également, dit-il, chez les Mattiaques, en Germanie, des sources thermales dont les eaux restent chaudes pendant trois jours. Elles déposent sur leurs bords une sorte de pierre ponce. »

De cette pierre ponce, les Germains fabriquaient une sorte de savon pierreux, en forme de boule, et qui passait pour un excellent remède contre la chute des cheveux. Martial y a fait allusion dans l'épigramme suivante :

Si mutare paras longævos, cana, capillos
Accipe Mattiacas, quo tibi, calva, pilas.

« Vieille, si tu veux rajeunir ta chevelure, prends ces boules de Mattiacum... mais, à quoi bon? tu es chauve ! »

La plupart des traducteurs et des commentateurs ont commis un contre-sens, à l'occasion de ce distique. Ils ont traduit *pilos* par *boucles,* proposant ainsi à la vieille coquette des cheveux de Germanie, au lieu du savon de Mattiacum. Mais la tradition locale vient confirmer notre version. On fabrique encore aujourd'hui, avec le sédiment des eaux de Wiesbade, un savon (*sin terseife*), auquel on attribue la même vertu. Les malades passent, les remèdes restent [1].

triduo fervet; circà marginem pumicem faciunt aquæ. (Pline, Hist. natur., livre XXXI. chap. 17.)

1. *Monographie des eaux minérales de Wiesbaden*, par M. Ch. Braun, docteur en médecine et en chirurgie, traduit de l'allemand par M. J. Schwendt. — Strasbourg, G. Silbermann, 1859.

De même qu'il y eut une Gaule romaine, il y avait aussi, sur les bords du Rhin, une sorte de *Germania togata*. Mais, dans cette région militaire, la toge le cédait aux armes; les villes n'étaient encore que des camps.

Moguntiacum (Mayence) était une citadelle, la place d'armes du Rhin. Castel en était le fort détaché (*Castellum*). Le district du Rhin moyen est situé au cœur de la vieille Allemagne romaine. Il en a conservé les traditions, et bon nombre de désinences latines s'y sont conservées, au milieu des consonnances germaniques. Le *Taunus*, le *Mélibocus*, sont des noms harmonieux, dignes de figurer dans une idylle de Théocrite ou de Virgile. Bacharach a conservé son étymologie païenne (*ara Bacchi*). Le pont de Drusus subsiste encore à Bingen. Agrippine avait donné son nom à Cologne, (*Colonia Agrippina*). Wiesbade enfin a aussi son mont des Romains (Rœmerberg), et l'une des collines qui dominent la ville s'appelle le *Néroberg*, ou la montagne de Néron.

Méry, qui est aussi savant que poëte, a parcouru, Tacite à la main, toute cette partie de l'Allemagne romaine : il a retrouvé, dans les forêts de Nauheim, la trace des légions de Germanicus, et a convié tous les érudits à la recherche de ce problème archéologique. Il me montrait, l'an dernier, au milieu des tuiles romaines du Musée d'antiquités de Wiesbade, le congé d'un soldat de la XXIIe légion, celle qui renversa Jérusalem, sous les ordres de Titus, et qui vint ensuite tenir garnison pendant plusieurs siècles sur les bords du Rhin.

On retrouve encore aujourd'hui à Wiesbade de nombreux vestiges de la domination romaine. Derrière l'hôtel et le jardin de l'*Aigle*, on a découvert les ruines d'une antique muraille formant l'enceinte de la ville, et désignée sous le nom de *Heidenische Mauer*, mur des païens. Vers le règne d'Adrien, dit Gibbon, lorsqu'on commenca à mettre en pratique ce genre de défense (les fossés), les stations romaines communiquaient l'une avec l'autre, et étaient protégées par de forts retranchements d'arbres et de palissades. Au lieu de ce rempart incomplet, l'empereur Probus construisit un mur d'une hauteur considérable, et le fortifia par des tours placées à des distances convenables. Du voisinage de Neustadt et Ratisbonne, sur le Danube, il s'étendait à travers des collines, des vallées, des rivières et des marais jusqu'à Wimpfen, sur le Neckar, et se terminait enfin sur les bords du Rhin, après un circuit de près de deux cents milles.

Le *Pfahlgraben*, cette grande muraille qui, du Danube au Rhin, fermait la Germanie romaine, se dessine très-visiblement sur les hauteurs qui couronnent Wiesbade. On peut le suivre, pendant près d'une lieue, à travers une forêt de sapins, dans la direction de Neuhof. On le reconnaît encore à travers les champs cultivés, où il forme un talus pierreux, couvert de broussailles. Au village d'Orlen, on aperçoit distinctement, sous le gazon, le relief des fondations d'une tour circulaire d'environ dix-huit mètres de diamètre. Les archéologues germains y vont en pèlerinage. On y a découvert des inscriptions qui prouvent que ce castel, perdu au fond des bois, était le corps de garde de la cohorte des Trévires, troupes auxiliaires de la XXIIe légion.

Aux Romains succédèrent les Alemani qui disputaient déjà aux Francs les rives du Rhin. Un de ces chefs germains, nommé Macrien, prenait les bains à Wiesbade, en l'an 370. « C'était, dit Ammien Marcellin, un ennemi déclaré des Romains. Valentinien, qui régnait alors à Trèves, envahit son territoire, mais Macrien, prévenu à temps, le fit placer sur un char léger et conduire dans les forêts de Taunus, en lieu de sûreté. L'empereur se vengea de Macrien en dévastant ses Etats et contraignit ainsi le chef barbare à demander la paix. »

Les Romains captaient les sources thermales et prenaient leur bain dans des étuves ; les Alemani, fidèles aux mœurs germaniques, se baignaient en plein air et dans l'eau courante. Les eaux chaudes de Wiesbade coulaient alors libres, à travers la prairie, et formaient un lac tiède (Badesee) dans lequel les guerriers se livraient à l'exercice de la natation. Ce petit lac s'écoulait vers le Rhin, par un ruisseau qui faisait tourner plusieurs moulins et dont les eaux, conservant leur primitive chaleur, ne gelaient jamais, même pendant les plus rudes hivers.

L'histoire de Wiesbade pendant le moyen âge se

rattache à celle des comtes de Nassau. La guerre, l'incendie, la peste, tous les fléaux semblaient conjurés contre cette malheureuse ville. La guerre de trente ans mit le comble à ces calamités. Wiesbade fut changée en un désert : des ronces et des broussailles poussèrent sur la place du marché, et la ville qui, au temps de sa prospérité, comptait plus de cinq cents bourgeois, se trouva réduite à une vingtaine de ménages. « Dans une pareille détresse, aucun métier ne put subsister, toute culture devint impossible. Les aliments les plus ordinaires atteignirent un prix exorbitant. L'argent devint de plus en plus rare et la propriété foncière fut tellement dépréciée que des arpents de terre se vendirent pour un morceau de pain. »

Les établissements de bains furent alors envahis par les soldats pillards et destructeurs. La plupart, à cause de la douceur de leur température, furent convertis en écuries pour les chevaux, ainsi que de nombreuses traces l'attestèrent encore après de longues années.

« Au XVIIIe siècle, continue l'historien de Wiesbade, s'effacèrent peu à peu les traces qu'avaient laissées dans nos contrées le bouleversement de la patrie allemande. Après la conclusion du traité de Westphalie, Jean, comte de Nassau, retourna dans ses Etats et s'efforça de fermer les plaies de la guerre. La ville de Wiesbade, veuve de ses habitants, fut repeuplée. La concession de priviléges et de certaines franchises attira dans la ville des artisans et des artistes étrangers ; les maisons de bains se relevèrent de leurs ruines. On construisit l'église et l'Hôtel-de-Ville.

Georges-Auguste (1677) fut le continuateur de cette œuvre de restauration : il aida au rétablissement des maisons de bains et à l'agrandissement de la ville.

De 1740 à 1748, la contrée eut encore beaucoup à souffrir de la guerre de succession ; mais ces désastres furent bientôt réparés, grâce à la faveur des princes de Nassau et à la vogue toujours croissante des eaux thermales.

L'empereur Joseph II fit une saison aux eaux de Wiesbade en 1786. Il n'en fallut pas davantage pour les mettre à la mode. La révolution française et le voisinage de la citadelle de Mayence interrompirent un moment cette période prospère ; mais, dès 1810, la ville reçut de nouveaux embellissements [1].

La paix de 1815, qui constitua le duché de Nassau, donna un nouvel essor à Wiesbade. Le duc Frédéric-Auguste posa les fondements de la rue qui porte son nom. Le duc Guillaume fit construire, en 1818, la caserne monumentale d'infanterie. Vers la même époque, l'extinction de la ligne de Nassau-Usingen amena la réunion des deux branches valramiques, dans la maison de Nassau-Weilburg. Le duc Adolphe de Nassau, héritier d'un nom illustre et d'une im-

1. *Guide historique et descriptif de Wiesbade et de ses environs*, par D. Verdan.

mense fortune patrimoniale, put dès lors trancher du souverain, et enrichit sa capitale de magnifiques monuments. Le palais du ministère, dans la Louisenstrasse, construit de 1839 à 1842, est un bel édifice qui loge toute l'administration du duché. Le palais de Pauline, élevé en 1841 au-dessus du Kursaal, servit de résidence à la duchesse douairière Pauline de Nassau, princesse de Wurtemberg. En Allemagne, il y a beaucoup de princes, et plus encore de palais.

La maison de Nassau est une des plus illustres, au dire de l'almanach de Gotha. Elle remonte dans la nuit du moyen âge, et a fourni un César à l'émpire d'Allemagne. Après bien des vicissitudes historiques, cette famille règne aujourd'hui paisiblement, l'hiver à Wiesbade, l'été à Biebrich. Le duc régnant est prince souverain; il a une voix à la diète germanique, et bat monnaie à son effigie. Il a une chambre haute (le banc des seigneurs); une chambre des députés, composée de vingt-quatre membres; il n'a qu'un seul ministre et trois conseillers. Constitutionnel à la manière allemande, il administre plutôt qu'il ne gouverne, et le pays ne s'en trouve que mieux gouverné. Je connais plus d'un grand Etat, en Europe, qui envierait le sort du petit duché de Nassau.

Wiesbade a de nobles armoiries : elle porte d'azur aux trois fleurs de lis d'or : c'est pour cela peut-être que le comte de Chambord l'a choisie un moment pour résidence d'été; il pouvait s'y croire encore dans un domaine de ses aïeux. La petite cour plénière que le chef de la légitimité tenait à Wiesbade, en l'an 1850, faisait bien plus de bruit en France qu'au delà du Rhin. On est accoutumé, en Allemagne, à voir des souverains loger à l'hôtel, comme de simples particuliers, et leur séjour ne change guère les allures paisibles d'une cité.

A Wiesbade, le comte de Chambord était descendu à l'hôtel Victoria, au coin de la grande avenue qui mène au Kursaal. Les visiteurs faisaient antichambre dans une galerie vitrée donnant sur le jardin. C'est là que les députations de la Bretagne et de la Vendée, conduites par leurs chefs de file, étaient passées en revue par cette jeune et mélancolique majesté. On criait : « Vive le roi ! » On échangeait des souvenirs de la patrie et de l'exil, et, le soir, Vendéens et Bretons, saluant partout le mot *restauration* sur les enseignes d'auberge, se répandaient par la ville et faisaient le diable à quatre en l'honneur d'Henri V.

Le comte de Chambord, qui n'aime pas les manifestations bruyantes, a dû renoncer à la résidence de Wiesbade, trop voisine du Rhin et de la France; il a transporté en Italie et en Autriche les pénates de la légitimité errante. La guerre est encore venue, cette année, troubler son loisir, et disperser les membres de la famille de Bourbon, qui semble prédestinée aux déchéances et à l'exil.

D'autres têtes couronnées trouvent à Wiesbade une résidence calme et exempte de tout souci politique. Le roi des Pays-Bas y vient souvent passer la saison; il loge dans une charmante villa, demeure artistique, dont il a fait une petite *Wilhemma*, à l'instar de celle du roi de Wurtemberg. Tous les princes allemands (et ils sont nombreux) viennent de temps à autre rendre visite à la famille ducale de Nassau, alliée à presque toutes les maisons souveraines d'Europe, et particulièrement à la famille impériale de Russie. Le roi et le prince de Wurtemberg, le roi des Belges, le prince de Prusse, le grand-duc d'Oldenbourg, le prince de Waldeck et bien d'autres encore ont été, pendant ces dernières années, les hôtes de la cour de Nassau ou de la ville de Wiesbade.

Biebrich est le Versailles, ou plutôt le Saint-Cloud du duché. Une large avenue plantée de jeunes arbres y conduit de Wiesbade en une demi-heure. On a aussi la ressource du chemin de fer, mais c'est plus long. La route qui mène au Rhin suit les murs du parc. Ce parc est une des merveilles de l'Allemagne. Il a environ deux cents arpents, et a été dessiné en jardin anglais par un Le Nôtre allemand, M. Thelemann. On y admire une avenue de marronniers séculaires qui forme une nef de verdure aussi large et aussi élevée que celle d'une cathédrale. Les pelouses d'un vert d'émeraude, des massifs d'arbres exotiques, des corbeilles de fleurs rares, des fontaines d'eau jaillissante, une pièce d'eau qui a les proportions d'un lac, font de ce parc, ouvert au public, une des plus belles promenades des bords du Rhin.

Mais ce que les touristes et surtout les amateurs hollandais admirent à Biebrich, ce sont les serres, véritable palais des fleurs, qui a coûté plus d'un million et qui renferme tous les trésors de la floriculture la plus raffinée. Il y naît tous les jours des variétés nouvelles, grâce aux procédés de la greffe et de l'hybridation. De savants jardiniers s'y livrent à des expériences de chimie végétale, qui produisent des monstres, mais des monstres charmants, car les fleurs ont ce gracieux privilége de ne pouvoir être enlaidies par les bizarres caprices de la nature. Toutes les fois qu'un hôte illustre visite le château ducal, on donne son nom à une variété de fleur nouvelle, éclose dans la nuit, et le catalogue des serres de Biebrich est un véritable armorial de noms célèbres.

Le château ducal de Biebrich fut bâti par le prince Georges-Auguste de Nassau-Idstein, de 1704 à 1706. C'est une vaste construction en grès rouge, dans le style de la renaissance. Il se compose d'une rotonde au centre, et de deux ailes, terminées par des pavillons. Il contient cent quatre-vingt-seize chambres. Le belvédère qui domine le Rhin est orné de statues qui furent mutilées en 1793, par le canon français, lors du siége de Mayence. L'armée républicaine avait établi une batterie sur une des îles du Rhin (*Pétersau*) et envoyait des boulets sur le château de Biebrich, occupé par un corps de troupes prussiennes.

Un magnifique escalier semi-circulaire conduit à la terrasse, d'où l'on a une belle vue sur le Rhin, et où flotte le drapeau de Nassau, presque aussi grand que le duché. Les appartements sont très-beaux. La rotonde est le salon officiel comme aux Tuileries la salle des Maréchaux. Cette pièce est soutenue par huit colonnes de marbre rouge de l'ordre corinthien ; autour règne une belle galerie circulaire, où se donnent les bals et les concerts. A droite et à gauche de cette rotonde, sont deux autres pièces ayant chacune plus de trente-cinq mètres de long : l'une est la salle à manger, d'un style noble et sévère ; l'autre, ornée de portraits de famille et de magnifiques vases, est la salle de réception. Les burgraves et les Palatins du Rhin n'étaient pas plus grandement logés.

Le château de Biebrich a son petit Trianon, construit dans le style néo-féodal. Le Burg de Mosbach, comme on l'appelle, fût bâti, en 1806, par le duc Frédéric-Auguste, sur les ruines de l'ancien château de Pensseņau. Il est situé à l'extrémité septentrionale du parc. Ces vieux murs tapissés de lierre, flanqués de tours en ruine et entourés d'un fossé, sont très-*romantiques*, comme disent les guides allemands. On y a collectionné plusieurs pierres sépulcrales, provenant de l'abbaye sécularisée d'Eberbach. L'intérieur est en partie transformé en atelier de sculpture. C'est là que le célèbre Hopfgarten a sculpté la statue de la duchesse Elisabeth Michaelowna de Nassau, sur un magnifique sarcophage déposé à la chapelle grecque.

Le chapelle grecque est la merveille de Wiesbade. Elle sert de mausolée à la femme du duc Adolphe de Nassau, grande-duchesse de Russie, morte en 1845.

C'est un monument de style byzantin, surmonté de cinq coupoles reliées entre elles par des chaînes dorées. L'intérieur de la chapelle est resplendissant de dorures, de marbres, de fresques, de bas-reliefs : c'est l'iconographie complète de l'Eglise russe : le pavé est une admirable mosaïque de Pierre Leonhard. Mais le chef-d'œuvre de la chapelle grecque, c'est le sarcophage en marbre blanc de Carrare, de la duchesse Elisabeth, sculpté par Hopfgarten, de Berlin. Jamais la mort n'a été représentée sous un aspect plus doux et plus consolant.

L'illustre défunte semble endormie sur son oreiller de marbre : on dirait que le cœur palpite, et que l'âme immortelle habite toujours ce corps inanimé. La lumière qui tombe d'en haut sur cette belle statue et l'éclaire d'un reflet divin, ajoute encore à l'illusion. Ce n'est pas mourir que de revivre ainsi par un miracle de l'art.

L'église évangélique que l'on construit en ce moment à Wiesbade, sera aussi un monument remarquable. Elle est bâtie en briques rouges et élève déjà vers le ciel ses deux flèches élancées. Quand le soleil couchant l'éclaire de ses rayons dorés, on dirait l'incendie d'une cathédrale. En attendant l'achèvement du nouveau temple, le culte évangélique est célébré dans une chapelle du palais ducal. Il y a aussi à Wiesbade, une église catholique, dédiée à saint Boniface, une chapelle anglicane et une synagogue.

Mais le temple le plus fréquenté de Wiesbade, c'est

le *Kursaal*, véritable Panthéon, consacré à cette divinité moderne qu'on appelle la Villégiature. Il a été construit en 1810, par l'architecte Zaïs, dans le style néo-grec de l'époque. Quand de l'extrémité de la belle avenue de platanes de la Willemstrasse, on débouche sur la place du théâtre, on croirait entrer à Corinthe... Deux vastes portiques, soutenus par une double colonnade, encadrent une magnifique pelouse ornée de corbeilles de fleurs, de candélabres et de fontaines jaillissantes. Sous les galeries, la foule circule à l'abri du soleil ou de la pluie, et s'arrête devant les magasins. Là sont étalés les produits de l'industrie allemande et les fantaisies du commerce parisien : cristaux, verres de Bohême, bijoux, broderies, dentelles, etc., etc., c'est le bazar de Wiesbade.

A l'extrémité de cette colonnade s'élève, en façade, le Kursaal proprement dit : il s'annonce par un portique hexastyle d'un très-bel effet de perspective; sur le fronton, on lit en lettres d'or cette inscription latine : FONTIBUS MATTIACIS. MVIIIX. Un vestibule spacieux donne accès dans la grande salle, longue de quarante-trois mètres, et soutenue par vingt-huit colonnes de marbre, dont plusieurs sont des monolithes. On y donne des bals et des concerts. L'orchestre est placé dans une galerie supérieure et ne détruit pas l'admirable symétrie de la salle. A droite s'ouvrent les salons de jeu et le cabinet de lecture; à gauche, le restaurant, le café et ses dépendances.

Le côté jardin, offre aussi un charmant coup d'œil.

Le parc de Wiesbade est un des plus jolis parmi ceux des bords du Rhin. Au premier abord, il paraît un peu étroit; mais, lorsqu'on a contourné la grande pièce d'eau peuplée de sarcelles et de cygnes, et passé le pont rustique d'où l'on jette du pain aux carpes douairières de l'étang, on s'engage dans un dédale d'avenues spacieuses et de sentiers ombreux qui prolongent indéfiniment la promenade, et vous ramènent, après une longue course, au jardin anglais du Kursaal.

Le parc va encore être considérablement agrandi Le domaine a exproprié les terrains qui s'étendent vers le chemin de fer, parallèlement à la Willemstrasse. Le directeur des jardins du duc, M. Thelemann, déjà nommé, y a dessiné des pièces d'eau, des massifs d'arbres, des pelouses de verdure, etc. Désormais le touriste, à la descente du chemin de fer, pourra entrer immédiatement dans le parc et se rendre au Kursaal par une magnifique avenue bordée d'élégantes villas.

Autrefois, la saison des eaux et des jeux ne durai guère que cinq mois, de mai à septembre. Elle se prolonge maintenant pendant toute la saison d'automne grâce aux distractions que l'administration du Kursaa procure aux étrangers. Ce sont d'abord les chasses dans les forêts giboyeuses du duché de Nassau; puis chaque année, Wiesbade a sa fête de l'arrière-saison, qui retient les baigneurs et ramène les touristes

WIESBADE.

SAISON 1858-1859.

Le festival de Wiesbade. — Le diapason unique. — Jubilé de la musique allemande. — L'*ut* de poitrine. — La saison d'automne. — Les salons de jeu. — Ode à la Roulette. — La romance du décavé. — Autre guitare. — Les sources de Wiesbade. — Le *Kochbrunnen*. — Monographie des eaux minérales. — Statistique thermale. — Le *Taunus-Bahn*. — Les chemins de fer de Nassau.— Le triumvirat de Wiesbade. — La fête de Schiller.

Chacun des thermes d'Allemagne a adopté un genre de plaisir différent, celui qui attire ou retient le mieux sa clientèle de baigneurs et de touristes : Hombourg a les chasses ; Bade le spectacle et les courses ; Ems la villégiature aristocratique ; Wiesbade, dont la colonie allemande n'émigre pas si tôt, organise pour la saison d'automne une de ces grandes fêtes musi-

15

cales qu'on appelle en Allemagne et en Belgique des festivals.

L'administration du Kursaal avait déjà, l'an dernier, donné un grand concert dans lequel elle fit en quelque sorte à l'Allemagne les honneurs de la musique française. Félix Godefroy, Servais, Mme Ugalde s'y firent entendre ; on y exécuta une des symphonies de Félicien David.

Cette année, c'est l'Allemagne à son tour qui donnait une fête musicale aux nombreux étrangers réunis, au mois de septembre, sur les bords du Rhin. M. le baron de Bosc, aide de camp du duc de Nassau et intendant du théâtre de Wiesbade, avait organisé dans cette ville la réunion annuelle des sociétés chorales de l'Allemagne rhénane, qui s'est tenue, en 1856, à Dusseldorf, et à Darmstadt en 1857.

Un festival allemand ne ressemble en rien à nos concerts d'orphéons et à nos assauts de musiques militaires. Les orphéonistes français sont les canotiers de la musique : ils vont de ville en ville, organisant des concours, j'allais dire des régates musicales. Ils se disputent les grands premiers prix, et les grands seconds prix. Disciplinés comme une équipe, ils marchent militairement, bannière en tête, et portent, comme signes de reconnaissance, des brassards, des lyres, des cocardes ou des nœuds de rubans. Chaque société a son nom, son chef, son amour-propre et son trophée de médailles.

Les sociétés chorales allemandes sont organisées

plus fraternellement. Elles n'ont pas moins d'émulation et de zèle ; mais elles sacrifient plus volontiers les triomphes individuels aux succès d'ensemble. Dans un concours d'outre-Rhin, on se préoccupe moins de classer les vainqueurs par ordre de mérite que de les accorder et de leur faire exécuter, sous un même chef, l'œuvre d'un grand maître ou un chant national.

Le diapason unique, ce problème musical à la recherche duquel M. Fould a convié tous les amis de la bonne harmonie, serait perdu dans les orchestres, qu'on le retrouverait dans les chœurs d'Allemagne, grâce à cette entente vocale, à cet accord parfait qui est le propre des sociétés chantantes. Des bords de la Sprée aux bords du Rhin, les voix se tiennent à l'unisson, et quand arrive le jour des grands festivals, les masses chorales, venues de tous les points de la Germanie, s'ébranlent comme une armée et obéissent comme un seul homme au bâton magistral de Berlioz, de Hagen et de Lachner.

Le programme du festival de Bade rappelait ces concerts historiques dont M. Fétis, de Bruxelles, l'archéologue de la musique, a eu, je crois, la première idée. On y a entendu des chefs-d'œuvre de tous les temps et de toutes les écoles. Voici ce programme, qui a été exécuté consciencieusement :

Première journée : La *Création,* oratorio de Haydn.

Deuxième journée : Ouverture d'*Iphigénie en Aulide*, de Gluck ; — Festchoral de J. Eccard (seizième siècle) ; — Psaume 19 de H. Schutz et motets ; — *Ich lane dich nicht*, de J.-S. Bach ; — Concerto pour piano en *mi* majeur de Beethoven ; — Psaume 114 de Mendelssohn ; — Symphonie en *ut* de Schubert ; — Chœur des prêtres de la *Flûte enchantée*, de Mozart ; — *Alleluia*, de Haendel.

L'exécution de tous ces chefs-d'œuvre était confiée aux sociétés philharmoniques *réunies* de Manheim, Darmstadt, Mayence et Wiesbade, sous la direction de MM. Lachner, maître de chapelle de la cour de Bade, à Manheim, et de M. Hagen, maître de chapelle du théâtre ducal de Wiesbade : en tout, 566 chanteurs et 142 instrumentistes.

Une journée entière a été consacrée à l'interprétation de la *Création*, de Haydn. Cet oratorio est à lui seul tout un poëme, au même titre que le *Paradis perdu*, de Milton. Il y a bien des lecteurs qui avouent n'avoir pu lire jusqu'au bout la sublime épopée du poëte anglais ; il y a bien des amateurs qui ne sauraient non plus écouter tout d'une traite la colossale partition de Haydn. Il faut pour cela le feu sacré, le respect traditionnel des grands maîtres ; il faut comprendre cette sublime monotonie allemande, inappréciée des profanes, et qui fait sourire les *dilettanti* parisiens, accoutumés aux transitions variées des motifs, à la succession fréquente des *allegro* et des *andante;* au brio, à la mise en scène de la musique italienne et française.

Les compositeurs font les luthiers. Amati donnait une âme aux tendres violons d'Italie ; M. Sax devait naître à l'époque et dans la patrie de Meyerbeer.

Mais comme le cuivre allemand a d'autres sons que le cuivre français! Chez nous, le piston crépite en notes criardes et saccadées. Là-bas, on fait chanter la trompette, l'ophicléïde et jusqu'au trombonne. J'ai entendu, dans la *Tonhalle* de Wiesbade (on appelle ainsi la salle des concerts), des rentrées de fanfare aussi mélodieuses que les *tutti* d'un orchestre d'harmonie.

Mais ce qui m'a surpris à Wiesbade, c'est la manière dont une certaine école allemande exécute sur le piano les œuvres classiques. J'ai connu des lauréats du Conservatoire qui mettaient Beethoven en quadrille. Un pianiste de Munich, dont le nom m'échappe, s'est voué à l'interprétation scrupuleuse des concertos et des symphonies du maître. Il suit la partition note par note, non pas toutefois en greffier qui collationne un rôle, *ne varietur*, mais en artiste qui retrouve sous les notes inanimées le génie du maître. Les vers de Corneille sont toujours beaux, mais il n'est pas indifférent qu'ils soient récités par Rachel ou par Mme Alfieri : ainsi des œuvres de Beethoven. Il faut avoir un talent hors ligne pour en être le digne interprète.

La *Vestale* de Spontini, qui a été reprise dernièrement au grand théâtre de Bordeaux, en présence de la veuve de ce célèbre compositeur, a été jouée au théâtre de Wiesbade pendant la durée du festival. Je n'ai pu l'entendre, mais il paraît que l'exécution en a été parfaite, ainsi que celle du *Songe d'une Nuit d'été*, de l'illustre Mendelssohn-Bartoldy.

Je passe sous silence des chefs-d'œuvre incomparables, et qui sont au-dessus de l'éloge aussi bien que de la critique : la prière des prêtres de la *Flûte enchantée,* du pur Mozart; le grand air d'*Iphigénie en Aulide,* de Gluck, qu'il est question de reprendre cet hiver à l'Opéra, et le foudroyant *Alleluia,* de Haendel.

Par exemple, je suis moins fanatique des solistes que des chœurs allemands. Je n'ai guère rencontré, au delà du Rhin, que des ténors de bravoure et des cantatrices à roulades, qui ont encore plus de gorge que de voix. C'est ce qu'on appelle en Allemagne un *ut de poitrine.* J'en ai vu même qui possèdent l'*ut dièze,* comme l'Alboni.

Ces trois jours de fêtes musicales se sont terminés par un concert que les directeurs du Kursaal ont organisé au profit des pauvres de la ville, et auquel assistait le duc de Nassau. Quoi! encore de la musique? Certes, et qui s'en serait plaint? L'orchestre ducal a préludé ce jour-là par l'ouverture d'*Obéron,* et les sociétés chorales ont terminé par le chœur des chasseurs d'*Euryanthe.* Le festival de Wiesbade a été comme un jubilé de la musique allemande.

La saison d'automne se poursuit à Wiesbade, chaque année, plus brillante que jamais, grâce aux distractions de toute sorte qui y retiennent les étrangers jusqu'à la fin de décembre. La villégiature d'hiver tend à s'implanter dans les casinos d'Allemagne, et la

Saint-Hubert est toujours joyeusement fêtée par les survivants de la colonie.

Le jeu est une des distractions de Wiesbade. Je dis à dessein distraction, car, en Allemagne, le jeu n'a pas, comme en France, les allures d'une passion désordonnée. A Paris, un père de famille éloignerait son fils de ces lieux de perdition ; ou bien, s'il l'y conduisait, ce serait pour lui faire une morale sur le jeu et ses fatales conséquences. Au delà du Rhin, les honnêtes Allemands mènent sans scrupule leurs fils autour des tables de roulette ; la mère n'en défend pas l'approche à sa fille, et l'habitude de voir jouer, fait que la jeunesse ne considère pas le jeu comme un fruit défendu [1].

Aussi les anathèmes des moralistes tombent le plus souvent à faux sur ces jeux innocents. L'an passé, un pasteur anglican, dans un accès de zèle évangélique, essaya de prêcher dans les salons du Kursaal. « Puissent ces voûtes, s'écriait-il, et ces colonnes de porphyre s'écrouler sur ce temple du démon, sur ce palais de Balthazar. » L'orateur en fut pour

1. Certes je ne me permettrai pas de faire l'apologie de faits qualifiés délits par la loi et passions par la morale ; mais, comme il est malheureusement prouvé que les mœurs sont plus fortes que les lois et que la morale n'exclut pas les passions ; comme le jeu et surtout le jeu de hasard est profondément enraciné dans le cœur humain, je suis d'avis qu'en cela, comme en toute chose, il faut faire la part du feu et tolérer ce qu'on ne peut empêcher.

sa pieuse esclandre, et la roulette continua de tourner.

Les joueurs décavés sont toujours prêts, comme les austères moralistes, à maugréer contre l'objet de leur passion et l'instrument de leurs plaisirs. Les poëtes surtout exhalent leur courroux en strophes indignées. Il y a à Wiesbade tout un album de poésies inspirées tour à tour par le démon du jeu et par l'ange du repentir. J'en détache au hasard quelques pages :

ODE A LA ROULETTE.

La Roulette est une maîtresse
Infidèle à tous ses serments,
Car elle a trente-six adresses
Et plus de trente mille amants,
Car elle reçoit à sa banque
Pair, impair, zéro, passe ou manque,
Selon l'ordre des numéros,
Et son alcôve, rouge ou noire,
Quand sonne la bille d'ivoire,
S'ouvre même aux doubles-zéros.

Roulette, infernale machine,
C'est toi que portait Ixion,
Quand, aux Enfers, courbant l'échine,
Il roulait sa damnation...
Si jamais, ce qu'à Dieu ne plaise,
Si tu tournais tout à ton aise,
Un siècle, et puis un siècle encor,
O période de désastres!
Le ciel aurait perdu ses astres,
Et la nuit ses étoiles d'or.

Dans ce monde aux mœurs polygames,
Où règnent les Jeux et les Ris,
Que de maris joueraient leurs femmes!
Et que de femmes leurs maris!
Les matrones de la Roulette
Aux marchandes à la toilette,
Pour jouer, engageraient tout.
L'accessit au prix de rosière,
Risquerait sa chance dernière,
Et la rosière son va-tout.

Peut-être un jour l'Europe libre,
Renonçant à tous les combats,
Retrouverait son équilibre
Sur la Roulette des Etats.
Du jeu se faisant un système,
Les rois mettraient leur diadème
En gage contre des florins;
Quittant le palais pour un bouge,
Les ministres joueraient à rouge,
Sauf à perdre des souverains.

On a beau gémir et se plaindre,
On a beau ponter rouge ou noir,
La Roulette est un dur cylindre
Où chacun passe au laminoir.
Dans ce mécanisme rapace,
On risque le doigt, la main passe,
Puis le bras, enfin tout le corps.
On s'en va, cœur gros, bourse vide,
Et le soir, le croupier avide,
Sur le terrain compte les morts!...

Tout n'est pas rose dans la vie des eaux. Souvent en

se guérissant de la goutte ou d'une laryngite, on contracte la maladie du Trente et Quarante. On joue, on gagne, puis on perd. La seule ressource qui vous reste, c'est de chanter :

LA ROMANCE DU DÉCAVÉ.

Le Taunus est un vert coteau
Qui va de Hombourg à Wiesbade,
Et d'où s'épanchent en cascade
Des flots d'or et des filets d'eau.
Dans son lit de mousse et de pierre,
Tout en coulant son petit train,
Le ruisseau va grossir le Rhin,
— L'eau va toujours à la rivière.

Je connais un autre torrent :
Hélas ! il avait pris sa source
Dans les cavités de ma bourse
Dont l'or s'écoule en murmurant.
Le fleuve est à sec, ô misère !
Hier encore, il était tout plein :
Il a fait tourner le moulin,
— L'eau va toujours à la rivière.

A Wiesbade, l'on aime à voir
L'eau qui dans l'air s'élance en gerbe.
Mais, après cet élan superbe,
Elle retourne au réservoir.
Le jet d'or n'est qu'une chimère !
C'est la dure loi... du siphon :
Plus le réservoir est profond,
— Plus l'eau retourne à la rivière.

La blonde enfant des bords du Rhin
Doit tout son charme à la nature;
La grande dame a pour parure
Les diamants de son écrin.
Et pourtant le monde préfère
A la jeunesse les brillants;
Aux épaules, les diamants.
— L'œil va toujours à la rivière.

L'ambitieux cherche un trésor
Au fond de la Californie,
Mais l'opulente Germanie
A bien aussi ses fleuves d'or.
Sur le vert tapis aurifère,
Où roulent paillette et lingot
Hélas! j'ai vu fuir mon magot.
— L'or va toujours à la rivière.

O hasard, qui peux à ton gré
Amener la rouge ou la noire
En chassant la bille d'ivoire
Dans le zodiaque cuivré,
Fais, ô Roulette meurtrière,
Sortir enfin mon numéro...
— La roulette amena zéro.
L'eau va toujours à la rivière.

Me voilà, pauvre décavé,
N'ayant plus la moindre ressource.
Comment remonter vers la source
Du fleuve où je suis engravé?
Essayons la chance dernière...

(Il se jette dans le Rhin.)

Mon corps ira vers l'Océan
Et mon âme vers le néant...
— L'eau va toujours à la rivière.

AUTRE GUITARE.

Air connu.

L'or est une chimère,
Monsieur Scribe l'a dit !...
O Rothschild éphémère
Que la banque enrichit,
En vain ta veine lutte,
La banque aura son tour.
— Ce qui vient de la flûte
S'en retourne au tambour.

Une petite dame,
Au riche cousu d'or,
En souriant réclame
Les miettes du trésor.
En moins d'une minute,
Crésus à fait sa cour.
— Ce qui vient de la flûte
S'en retourne au tambour.

Mais si la veine change,
Si le vieux Metternich,
Pour charmer son bel ange,
N'a plus un frédéric,
Le bel ange permute...
— Au jeu, comme en amour,
Ce qui vient de la flûte
S'en retourne au tambour.

Comme la chanterelle
Attire les oiseaux,
Le rouleau d'or appelle
Ses frères les rouleaux.

Tous ils font la culbute,
Sans espoir de retour.
— Ce qui vient de la flûte
S'en retourne au tambour.

Armé de sa houlette,
Le croupier diligent
Mène sur la Roulette
Paître l'or et l'argent.
Si quelque agneau gambade,
On le rattrape un jour.
— Ce qui vient de Wiesbade
S'en retourne à Hombourg.

Il est temps enfin de parler un peu des eaux.

Wiesbade est la ville thermale par excellence. Elle couve ses bains, assise, comme Ischia, sur un volcan d'eau chaude. Le sous-sol est une étuve. La zone thermale s'étend sous la vieille ville et y maintient, même en hiver, une température de calorifère. Les caves sont des serres chaudes; à défaut de fleurs rares, on y fait sécher le linge. On a constaté une différence de trois à quatre degrés entre le climat de Wiesbade et celui de la contrée environnante.

Les sources minérales de Wiesbade sont au nombre de vingt-neuf, tant chaudes que tièdes et froides. La principale est le *Kochbrunnen,* ou fontaine bouillante, qui jaillit à une température de 55 degrés Réaumur, dans un cratère octogone situé à l'extrémité de la *Trinkhalle.* Cette halle à boire, comme l'appellent les Allemands, est une galerie couverte, supportée par des colonnettes de fer ouvragé autour desquelles s'enroulent des plantes grimpantes. C'est sous cette vaste *véranda*, longue de plus de 250 mètres, que se promènent, le matin, les baigneuses qui attendent leur *badefrau* ou les buveurs à qui l'exercice est recommandé entre chaque verre d'eau.

Comme distraction, les malades peuvent contempler le groupe d'*Hygieia*, déesse de la santé, sculpté par Hoffmann, et entendre la musique du Kochbrunnen qui, dès six heures du matin, fait concurrence aux rossignols et aux fauvettes du parc voisin.

Les eaux chaudes de Wiesbade ne sont pas désagréables à boire. Elles n'ont pas cette saveur nauséabonde qui rend certaines cures si pénibles. Il y a même des personnes qui leur trouvent le goût d'un œuf cuit à la coque ou du bouillon de poulet. De quoi guérissent-elles? De tout, d'abord; mais plus particulièrement du rhumatisme, de la goutte, des affections nerveuses et de certaines blessures.

« Enumérer les affections qu'elles guérissent plus spécialement, dit l'auteur des *Bubbles from the Brunnens of Nassau*, en parlant des eaux de Wiesbade, ce serait copier la liste presque entière des maladies auxquelles notre misérable nature est soumise. A en croire les habitants, elles sont bonnes pour la peau, pour l'estomac, pour les femmes de toutes les formes et de tous les âges, pour les hommes de toutes les espèces et de toutes les conditions, pour les vieillards qui s'en vont de ce monde, et pour les enfants que leurs tendres parents désirent ardemment d'y voir entrer, pour les maux de tête, pour la goutte, etc.

« Il est beaucoup plus facile de constater quelles sont les maladies qu'elles aggravent au lieu de guérir. Ainsi elles ne conviennent pas aux individus disposés aux inflammations et aux fièvres, et elles tuent ceux qui sont atteints de consomption. »

La *Monographie des eaux minérales de Wiesbaden*, par le docteur Ch. Braun, traduite par M. Schwendt, est le véritable guide du baigneur dans l'emploi des eaux, comme bains ou comme boisson. C'est une étude raisonnée des diverses sources, au point de vue de la physiologie et de la thérapeutique. Ce livre est indispensable à tous ceux qui prennent les eaux.

Le nombre des baigneurs et des étrangers qui séjournent à Wiesbade va toujours croissant. En 1800, il n'était que de 900 ; en 1850, il atteignait le chiffre de 14,890 baigneurs et de 8,107 touristes. Il est vrai de dire que le séjour du comte de Chambord fut pour beaucoup dans cette affluence ; mais l'augmentation progressive, un moment ralentie, a repris depuis quelques années sa progression ascendante.

Wiesbade, qui ne compte guère que 18,000 habitants sédentaires, voit se succéder, pendant l'été, une population flottante de près de 20,000 visiteurs allemands, anglais, russes, français, etc.

L'itinéraire de Paris à Wiesbade est très-varié : on peut s'y rendre également par Cologne et le Rhin, ou par Strasbourg et Francfort; mais la ligne la plus directe est celle de Forbach, Neustadt et Mayence.

On traverse le Rhin, et l'on prend, à la station de Castel, le *Taunus-Bahn*, petit chemin de fer de famille, qui fait tout doucement ses six lieues à l'heure, et attend, au besoin, les voyageurs retardataires. Il y a cinq ou six convois par jour de Wiesbade à Castel, Mayence et Francfort. Les trains omnibus s'arrêtent à ou près Biebrich : là, quelques wagons se détachent et sont remorqués par un cheval de renfort jusqu'à une petite station qui correspond avec le débarcadère des bateaux à vapeur du Rhin.

Les chemins de fer du duché de Nassau, malgré la souscription qui a été ouverte, mais non couverte en France, ont quelque peine à s'établir. Il y a d'abord le Rhin qui leur fait une active concurrence ; le Rhin, ce grand chemin qui marche et qui déroule aux yeux du passager le splendide panorama de ses deux rives. Et puis la zone du Rhin moyen, dans laquelle est comprise le duché de Nassau, est précisément celle qui offre le plus de difficultés pour l'établissement des voies ferrées.

Les ingénieurs sont obligés, tantôt de suivre les rives escarpées du fleuve, tantôt de suspendre la voie sur des corniches de basalte, ou de la resserrer entre des rochers à pic qui menacent ruine. Malgré tous ces obstacles, la voie s'achève ; déjà les stridentes locomotives déploient leur panache de fumée au milieu des vignobles et réveillent les échos endormis des vieux burgs. Le chemin de fer de la rive droite du Rhin va bientôt réunir entre elles Wiesbade et Ems, ces deux fleurons de la couronne ducale de Nassau.

Le Kursaal de Bade et celui d'Ems ont fusionné, comme toutes les grandes compagnies, et sont administrés par une société anonyme, dont les actions sont très-recherchées. L'administration centrale est dirigée par M. le baron de Wellens, qui gouverne cette banque capricieuse avec le flegme d'un Belge et la courtoisie d'un gentilhomme; il est secondé par M. Guntz, ordonnateur actif, qui promène l'œil du maître sur l'ensemble, et par M. Schwendt, qui dirige avec une grande habileté les détails de cette vaste administration.

Sous ce triumvirat, qui date déjà de quelques années, le Kursaal de Wiesbade, après bien des vicissitudes, est entré dans une période prospère, et prend chaque année un nouveau développement. L'accord qui règne entre le gouvernement et la ferme des jeux permet de réaliser des améliorations dont tout le monde profitera.

Wiesbade a eu, cette année, sa fête d'automne, comme toute l'Allemagne. Elle a célébré, vers la mi-novembre, avec un éclat inusité, l'anniversaire séculaire de la naissance de Schiller, né le 11 novembre 1759. Il y a eu représentation solennelle au théâtre ducal, réjouissances publiques, illuminations splendides, etc.

La partie vraiment originale du programme consistait dans l'apothéose de Schiller, qui devait avoir lieu dans le grand salon du Kursaal. De vastes transparents devaient représenter les personnages principaux et les scènes classiques des drames de Schiller : Fiesque, Don Carlos, Wallenstein, Marie Stuart, Jeanne d'Arc, étaient les héros et les héroïnes de ce panorama dramatique. Un orateur devait déclamer les plus beaux passages; puis, au moment où les vers font image, le transparent s'illuminait, et les spectateurs auraient vu la représentation picturale des chefs-d'œuvre du poëte : *Ut pictura poesis.*

Ce programme romantique n'a pu être réalisé dans tous ses détails, mais Wiesbade n'en a pas moins fêté avec un grand éclat par un banquet, par un concert et par la représentation solennelle de la Trilogie de *Wallenstein*, la *Schiller-Feier*, qui a été, en 1859, le jubilé de la littérature allemande.

EMS.

Etymologie d'Ems. — Gerning et Méry. — Les sources du Taunus. — Souvenir d'Agrippine. — Topographie historique du duché de Nassau. — Itinéraire de Paris à Ems : par eau, par terre et par fer. — Coblentz et Ehrenbretstein. — La tombe de Marceau. — La vallée de la Lahn. — *Bad-Ems*. — Le *Kurhaus*. — — Le *Kursaal*. — Un héros d'antichambre.

Les trois saisons d'Ems. — La cour de Russie. — La colonie anglaise. — La société française. — Les familles allemandes. — La cure matinale. — *La Bubenquelle*.

Le jeu est fait. — Types de joueurs. — Le pasteur décavé. — Ce qui s'appelle prêcher d'exemple.

L'homme aux étymologies paradoxales, Méry, fait dériver *Ems* de *Sem*, fils de Noé, qui vint y prendre les eaux... après le déluge. C'est une étymologie comme une autre, et, à tout prendre, elle vaut bien celle qui fait dériver le nom de l'indolente cité d'un adjectif allemand, *Ems-ig*, qui signifie actif, laborieux.

Ems, ville de travail ! Elle ne l'a jamais été, Dieu merci ! Elle est paresseusement couchée sur les rives de la Lahn, une Saône allemande, qui chemine lentement, comme une timide fiancée, vers le lit du Rhin impétueux.

Ems a été chantée dans tous les temps et sur tous les tons :

« Salut, Embasis ! à toi qui, entourée de sources, règne sur « les bords de la Lahn, en distribuant de tendres soins.

« Jadis les Grecs et les Romains, à la haute intelligence, te « décorèrent du titre d'Embasis, et ce nom, tu le portes encore « orné des palmes de la gloire. »

Ainsi chantait le poëte allemand Gerning.

Le poëte contemporain d'Ems est Méry, dont la muse se réchauffe chaque automne dans cette petite Provence de l'Allemagne rhénane. Méry a fait depuis deux ans une infidélité aux bords de la Lahn, sa rivière favorite. Mais la naïade lui est restée fidèle, et les échos du Kemmenau redisent encore les beaux vers qu'il improvisait dans ses promenades poétiques :

Ems, depuis les grands jours de son antique histoire,
Appelle sous son roc, secret laboratoire,
Ces humaines douleurs que guérit en été,
Un chimiste du ciel qui n'est pas breveté.
Puis les riches heureux, les touristes nomades,
Qu'un luxe de santé rend si souvent malades,
Ceux qui se portent bien et se plaignent toujours,
Les artistes, amis du Rhin et des beaux jours ;

Les boursiers ennuyés des crises de la rente :
Tous viennent agrandir la colonie errante,
Et boire le soleil et le parfum de l'air,
Dans le calme pays de Gœthe et de Schiller !

Ems a ses annales, comme Bade, et ne manque pas non plus d'historiographes. Avec un peu de bonne volonté, on pourrait lui faire une généalogie historique remontant aux origines romaines. « Ici séjournèrent les Romains, dit encore Gerning, et les hautes forêts de Kemmenau montrent dans le Phalberg de puissantes traces de leur présence. » Et, en effet, les archéologues aux yeux de lynx voient distinctement le *Pfahlgraben* se dessiner derrière le Kurhaus, et marquer par une ondulation de terrain son passage sur la pente rapide qui monte au village voisin. On a retrouvé à Ems et dans les environs des urnes cinéraires, des médailles et des tuiles romaines, portant le signe de la XXIIe légion.

S'il faut en croire le même Gerning, Agrippine, femme de Germanicus, aurait fait une saison aux thermes d'Embasia, et ce serait à leurs eaux fécondantes que la malheureuse humanité serait redevable de la naissance de Caligula. Ems s'est inscrite en faux contre ce triste hommage rendu à la vertu des sources du Taunus, et les savants de l'Université de Giessen ont écrit des thèses en latin pour démontrer la fausseté de cette malencontreuse légende.

Au moyen âge, il n'est pas question d'Ems. A peine a-t-on pu découvrir dans les chartes du temps un ou deux documents, l'un du XIIe siècle faisant mention des mines d'argent et de plomb de la vallée de la Lahn, l'autre du XIVe, par lequel l'archevêque Guillaume de Cologne donnait en fief au comte Jean de Nassau « les justices, gens, vignobles, moulins et *bains chauds* près d'Eimetz. »

Le premier médecin qui écrivit et fit imprimer un livre sur Ems fut Jean Dryender, professeur à Marbourg, qui avait été médecin à Coblentz, où il avait acquis la connaissance des eaux d'Ems. Mais le livre qui peut le mieux renseigner les lecteurs sur les origines et l'histoire spéciale d'Ems, c'est la *Topographie historique du duché de Nassau,* par Vogel.

Le seul événement historique qui rappelle le souvenir d'Ems dans les annales modernes, c'est la convention ecclésiastique conclue en 1796, sous le nom de *Punctation* d'Ems, entre les archevêques électeurs de l'Eglise catholique allemande, sous l'inspiration de l'empereur Joseph II, l'impérieux promoteur de la tolérance religieuse [1].

1. Cette tradition n'a pas été perdue à Ems. La petite cité cosmopolite donne à de puissants Etats voisins un rare exemple de tolérance pratique. Chacun y prie Dieu selon sa religion. Le protestantisme est le culte officiel du duché de Nassau. Les catholiques y ont une petite chapelle qu'il est même question d'agrandir. Les israélites, de leur côté, ont leur synagogue, et les Russes ont fait construire depuis deux ans une petite chapelle grecque. Pour peu qu'il vienne un jour à Ems des Turcs ou des Arabes, on y bâtira une mosquée.

Il y a deux itinéraires de Paris à Ems : l'un par le chemin de fer de l'Est (Forbach et Mayence), l'autre par le chemin de fer du Nord (Cologne et Coblentz). D'ordinaire on fait le circuit, grâce aux billets de parcours à prix réduit qui permettent de faire pour un peu plus de cent francs le voyage classique des bords du Rhin. On passe par Bade et Wiesbade; on s'arrête à Ems, et l'on revient par Aix-la-Chapelle et Spa : c'est ce qu'on appelle la promenade des bains ou le tour des banques.

Il y a également deux routes pour se rendre à Ems, en quittant les bords du Rhin : la route de terre et le chemin de fer.

La première part de Coblentz. Quand on a franchi le pont de bateaux, on passe au pied de la forteresse d'*Ehrenbretstein*, le Gibraltar des bords du Rhin. Ce mot allemand, difficile à prononcer en français, signifie « *la large pierre de l'honneur.* » Depuis les traités de 1815, la Prusse a, dit-on, dépensé plus de 100 millions pour reconstruire et mettre en état de défense cette citadelle vierge. Avec ces 100 millions, on aurait achevé la cathédrale de Cologne. Les magasins d'Ehrenbretstein peuvent, dit-on, contenir des approvisionnements pour une garnison de 8,000 hommes, pendant dix ans, et les citernes creusées dans le roc peuvent être approvisionnées d'eau pour trois ans. Ces plans hardis de défense reportent nos souvenirs vers le siége de Troie.

En face de cette formidable pierre de l'honneur, sur

l'autre rive du Rhin, se trouve un humble monument élevé à la mémoire de Marceau, avec cette simple inscription : *Hic cineres, ubique nomen.* Lord Byron a fait rêver Childe Harold devant cette tombe. Elle lui a inspiré les strophes suivantes, traduites du chant III de son poétique pèlerinage :

On voit, près de Coblentz, une humble pyramide
Qui s'élève au sommet d'un tertre de gazon.
Aux cendres d'un héros elle sert de prison;
Marceau repose en paix sous cette terre humide;
Marceau, notre ennemi, mais que nous honorons!
Amis comme ennemis, tous ont pleuré sa perte.
Tous, devant son cercueil, ont incliné leurs fronts,
Et les deux camps rivaux, mêlant leurs escadrons,
Ont tiré le canon sur sa tombe entr'ouverte.

Elle fut courte, hélas! mais belle, sa carrière.
Son noble souvenir brille comme un flambeau.
L'étranger qui s'arrête au pied de son tombeau
Ne s'éloigne jamais sans dire une prière.
Toute sa vie, il fut l'esclave du devoir :
De la liberté vraie il entretint la flamme,
Et, n'abusant jamais du sabre et du pouvoir,
Il conserva toujours la blancheur de son âme.

Le trajet de Coblentz à Ems se fait en deux heures. Il y a un service d'omnibus, mais les voyageurs qui se respectent et qui veulent être accueillis dans les hôtels avec les honneurs dus à leur rang, doivent arriver dans une voiture particulière. La route longe la rive droite du Rhin, gravit un coteau couvert de vignes, traverse les villages encore prussiens de Pfaffendorf et de Horcheim, et se trouve barrée tout à coup par une potence qui marque la frontière du duché de Nassau. Ici l'on paie un péage pour l'entretien de la chaussée. Le préposé du fisc, qui n'aime pas à se déranger, tend de sa fenêtre une sébille de bois fichée au bout d'un bâton, dans laquelle le cocher dépose la somme convenue. La route continue entre deux haies touffues d'arbres fruitiers, à travers lesquels les fils du télégraphe électrique ont bien de la peine à se frayer un passage.

A partir de Niederlahnstein, d'où l'on aperçoit le superbe château de Lahneck, on remonte la vallée de la Lahn, dont les sites ont été chantés par Gœthe. C'est un corridor de verdure qui décrit les plus capricieux contours. A chaque tournant de la route ou de la rivière, on rencontre une usine, un moulin, un hameau, des forges, que sais-je encore; on m'a fait voir un haut-fourneau, alimenté par une mine d'argent, et une maison de campagne qui a pour propriétaire un riche industriel, M. Grisar, frère du compositeur belge qui fait de si jolie musique française.

Sur l'autre rive de la Lahn, circule le chemin de fer qui, du débarcadère de Lahnstein, sur le Rhin, conduit directement à Ems. Ce chemin de fer a été taillé dans le roc, à la base des montagnes qui contournent les bords de la rivière. Il est très-pittoresque, trop même, en certains endroits périlleux.

Par un beau jour d'été, après une pluie d'orage, des quartiers de roc de plusieurs quintaux ont éboulé d'en haut sur la voie qui s'est trouvée interceptée. On l'a réparée depuis, Dieu merci, et il n'y a plus maintenant que les actionnaires qui reçoivent de temps en temps des tuiles sur la tête.

Les chemins de fer de Nassau, dont la première section a été inaugurée le 1er juin 1858, doivent se souder, d'un côté, à la ligne de Wiesbade à Rudesheim, prolongée sur la rive droite du Rhin ; de l'autre, à Coblentz, à la ligne rhénane qui relie déjà cette ville à Cologne : un autre embranchement, remontant la vallée de la Lahn par Ems et Nassau, doit rejoindre à Giessen le *Main-Weser-Bahn*. Ce n'est déjà pas une si mauvaise ligne.

La route de terre longe la rive droite et traverse plusieurs petits hameaux.

Avant d'arriver à Ems, on rencontre un joli village, *Dorf-Ems*, où se logent volontiers les familles allemandes. Au fond de la vallée, on aperçoit dans un cadre de sombre verdure un nuage de blanche vapeur qui s'élève de la Lahn et des sources thermales : nous sommes à *Bad-Ems*.

La ville est resserrée entre la montagne et la rivière. Elle n'a guère qu'une rue formée d'une longue suite d'hôtels et de maisons garnies. A droite est le château des Quatre-Tours où commence le parc. A l'extrémité de la rue, sur une place contiguë à la maison de Conversation, se trouve le *Kurhaus*, domaine du duc de Nassau, qui le fait gérer par un *Hausmeister* ou majordome. Cet hôtel est recherché principalement par les malades, à cause de sa proximité des sources. Il contient environ trois cents chambres qui se louent, selon leur grandeur et leur situation, de 48 kreutzers à 8 florins par jour. Le prix de chaque appartement est inscrit sur la porte. Les touristes se logent de préférence dans les nombreux hôtels et dans les maisons meublées qui sont très-confortables.

Le Kursaal d'Ems n'est pas un vaste palais aux longues galeries comme celui de Wiesbade, c'est un pavillon carré construit dans les proportions d'un hôtel du faubourg Saint-Honoré. Il a été bâti en 1839, mais il a été depuis deux ans l'objet de restaurations importantes qui en ont modifié complétement la physionomie. On y accède de quatre côtés; il est borné d'un bout par la rue, de l'autre par la rivière, et des deux autres côtés par le parc. Le vestibule est un peu étroit. C'est là que se tiennent, pendant les bals et les concerts, les laquais et les gens de service.

Un moujik, fidèle observateur de la consigne, avait été un jour placé en sentinelle par son maître à la porte donnant sur la rue. « Attends-moi là, lui avait dit le comte S......of. » Et il attendait de pied ferme. L'heure du couvre-feu arrive : on se couche de bonne heure à Ems. Le maître ne revenait pas, mais le fidèle serviteur veillait toujours, tenant à la main la pelisse de fourrures du comte. Celui-ci, sans y prendre garde, était sorti par la porte du jardin.

Le concierge, après avoir éteint les lumières, veut

des Bouffes-Parisiens a fait une saison à Ems, et le joyeux répertoire du ménestrel Offenbach a diverti la société russe, qui préfère ces mélodies sautillantes à l'harmonie savante des maîtres allemands.

On demandait à une Anglaise mélancolique ce qu'elle pensait d'Ems : « C'est un séjour! » soupira-t-elle. Cette naïve exclamation peint à merveille cette délicieuse résidence que les Russes ont surnommée la Nice de l'Allemagne.

Ems est, en effet, une colonie russe sur les bords du Rhin. C'est dans cette tiède vallée que s'épanouit, au mois de mai, la fleur de l'aristocratie moscovite. A peine la débâcle de la Néva a-t-elle chassé de Saint-Pétersbourg les opulents boyards, à peine les dernières neiges ont-elles commencé à fondre sur les cimes du Taunus, que déjà l'émigration russe, fidèle à sa ville d'eaux, prend à Ems ses quartiers de printemps.

Il y a trois saisons à Ems :

La saison des Russes, de mai à juin ;

La saison des Anglais et des Allemands, de juin à juillet ;

La saison des Français et des touristes cosmopolites, d'août à septembre.

La Russie est toujours noblement représentée à Ems par l'impératrice douairière ou par une princesse de la famille impériale. La grande-duchesse Constantin y régnait pendant l'année thermale 1857, alors que son noble époux allait sceller en France, en Piémont et en Angleterre, la réconciliation de la

Russie avec l'Occident. Elle avait établi sa résidence à l'hôtel du Panorama, et le grand maréchal de son palais, le comte Saburoff, réglait le cérémonial de la petite cour. Tous les grands personnages qui avaient figuré, l'année précédente, au couronnement du czar à Moscou se retrouvaient à Ems, comme pour faire cortége à la grande-duchesse. Le *Nord* avait dans cette ville d'eaux un chroniqueur à poste fixe; on citait parmi les baigneurs et les buveurs d'eau de la colonie : les princesses Bagration, Trubetzkoï, Obolinsky, Ouroussoff, Dolgorouki, Gortschakoff, etc.

L'année suivante, il y eut un interrègne dans la colonie russe d'Ems. Le czar n'y avait pas délégué de grande-duchesse. Peut-être la politique du cabinet de Saint-Pétersbourg avait-elle désigné un autre but à l'escadron volant des princesses moscovites. La villa impériale de Nice a eu la préférence; elle devait faciliter l'alliance du Piémont avec la Russie et la cession du port de Villafranca. D'un autre côté les grands seigneurs russes ont dû partir plutôt que de coutume pour rentrer dans leurs foyers. L'émancipation des paysans, décrétée par le czar, les préoccupait, et la plupart des grands propriétaires éprouvaient le besoin de revoir leurs domaines.

Au mois de juin, en pleine saison, il n'y avait plus de Russes marquants à Ems que la princesse Labanoff, née Paskewich, le prince Dolgorouki et une baronne, une très-grande dame, ma foi, car elle avait presque la taille d'un grenadier de la garde.

On citait encore la princesse R..., une Polonaise

qui fume comme un Suisse. Elle était accompagnée de sa fille, jeune personne charmante et qui possède, dit-on, 200,000 livres de rente du chef paternel. Cela doit faire beaucoup de roubles!

Connaissez-vous la sultane Penesko? Non! ni moi non plus. Son nom figurait cependant en toutes lettres sur la *Kurliste* d'Ems, pendant la saison de 1857.

L'Angleterre était représentée à ce petit congrès international par lord Polwart et ses deux filles, deux charmantes petites *misses* blanches et roses, et par un personnage considérable qu'on a surnommé ici le prince de Galles, à cause de son immense fortune. Il a, dit-on, quatre millions de revenu en propriétés à un pour cent. On a beaucoup admiré aussi miss Forest, le type accompli de la beauté anglaise, qui est venue à Ems après avoir fait les délices des salons de Wiesbade. J'allais oublier lady Egerthon et sa fille, blonde comme les blés, qui ont fait aussi les délices de la saison.

La société française arrive tard à Ems; mais elle y est toujours noblement représentée à chaque nouvelle campagne: la France d'autrefois, par MM. de Richelieu, de Polignac et de la Rochefoucauld; la France d'à présent, par M. le comte de Morny, qui présenta sa jeune femme à la petite cour d'Ems avant qu'elle ne fît son entrée dans les salons de Paris; le monde officiel; par M. Delangle et par M. Fortoul, qui y mourut subitement, en 1857; la grande presse, par M. Emile de Girardin; la petite presse, par X. Y. Z.

Ems a reçu, cette même année, la visite du grand Barnum et du petit Tom-Pouce.

Les Allemands sont à Ems comme chez eux. En vrais souverains constitutionnels ils y règnent, mais n'y gouvernent pas. Ils laissent aux étrangers le haut du pavé et le premier étage des hôtels, souriant à cette invasion pacifique qui enrichit leurs compatriotes.

« Les Allemandes, celles de la classe bourgeoise, ne sont pas sans quelque prétention; elles se parent pour la saison et se donnent, il faut l'avouer, une peine inutile pour égaler dans leur bon goût les Françaises et les Polonaises. Elles aiment les verroteries, les robes d'un bleu cru ou couleur gelée de groseille, les châles de Florence rose, et malgré tout, leur air de douce simplicité attire vers elles, lorsqu'elles nous répondent par un sourire faute de pouvoir nous répondre dans notre langue. Elles ont un charme à part, une grâce qui semble venir du cœur; et dans ces blondes et rêveuses jeunes filles qu'on rencontre dans les bosquets d'Ems, on croit parfois reconnaître le type pur et rêveur que Ary Scheffer a prêté à cette Marguerite que les anges ont fini par ravir au démon [1]. »

La physionomie d'Ems diffère essentiellement de celle de Bade et des autres villes d'eaux d'Allemagne. C'est une colonie d'été, mais une colonie sédentaire : on y voit peu d'oiseaux de passage et de touristes no-

1. Les *Bains d'Ems* (saison 1856), par le comte de Légurat.

mades. Le moins qu'on reste à Ems, c'est une demi-saison. On prend ici les eaux au sérieux, et tout baigneur qui se respecte, tout buveur d'eau qui croit à la médecine, y fait consciencieusement sa cure, tout en prenant au Kursaal d'honnêtes distractions. Le matin, Ems est une maison de santé; le soir, c'est un jardin d'Armide.

Une femme du monde qui écrit de jolis feuilletons sous le nom de comte de Légurat, Mme de M..., a esquissé la physionomie d'Ems en traits charmants, qui trahissent une plume féminine et un rare talent d'observation. Lisez cette description de la cure matinale :

« Les buveurs les moins paresseux se lèvent dès l'aube, et, sans se soucier des brouillards qui descendent des montagnes, ils courent à la source où ils doivent puiser la santé. C'est déjà un spectacle curieux que celui que présente la grande salle voûtée où l'on va, comme dit le médecin allemand, implorer les bienfaits de la naïade. Là on boit, on marche, on jase, on médit dans toutes les langues. Les coquettes, les demi-malades y viennent, tantôt en blancs peignoirs garnis de dentelles, tantôt en corsages de velours, avec des chapeaux de bergère gris ou noirs, ornés de plumes et de ganses, rappelant les belles dames des chasses de Louis XIII. Les vrais malades s'y traînent en manteaux de drap bien encapuchonnés et presque tous les hommes vêtus comme un jour de neige dans les défilés du mont Saint-Bernard. »

Rien n'est intéressant comme de voir, le matin, les jeunes moscovites en costume national, conduits par de vrais moujicks, allant boire à la fontaine. Ces boyards de trois à sept ans ont des bottes de sept lieues. On dirait le Petit-Poucet paré des dépouilles de l'ogre. Le soir ils font résonner leurs éperons en dansant la mazurka.

Il semble que les valétudinaires et les convalescents de la matinée aient bu à la fontaine de Jouvence et retrouvé la jeunesse pour sourire et des jambes pour danser. Que de fois j'ai vu s'accomplir cette merveilleuse métamorphose !

Une jeune dame de Hanovre, que les docteurs Tant-Pis, de Vichy, avaient condamnée à mourir de langueur, a retrouvé la santé au *Kesselbrunnen*. Elle a fait vœu, dit-on, si la cure est complète, de fonder au Kurhaus d'Ems douze verres gratuits à perpétuité, dans lesquels on pourra boire la santé à pleine coupe de Bohême.

A l'exemple du médecin malgré lui, je vais essayer de donner la définition de la vertu curative des eaux d'Ems. D'après l'analyse faite en 1851 par le célèbre chimiste Fresenius, elles renferment : 1° du bicarbonate de soude ; 2° du chlorure de sodium ; 3° du sulfate de potasse ; 4° du sulfate de soude ; 5° du bicarbonate de chaux ; 6° id. de magnésie ; 7° id. de fer ; 8° id. de manganèse ; 9° id. de strontiane ; 10° id. de baryte ; 11° du phosphate d'alumine ; 12° de la silice ; 13° du carbonate de lithène ; 14° de l'iodure de sodium; 15° du bromure de sodium, en tout, quinze principes fixes, sans compter l'acide carbonique libre, sans compter aussi le *natron*. Comment voulez-vous qu'un remède aussi riche en principes minéralisateurs ne guérisse pas toutes les maladies.

Elle guérit en effet la plupart des maux de l'humanité : les affections des voies respiratoires, la phthisie pulmonaire, les affections des voies digestives, la chlorose, les scrofules, l'obésité, les névroses, la stérilité, la goutte, le rhumatisme, le diabète, la gravelle, plus les maladies de la peau, dont je n'ose emprunter à Molière l'énumération par trop médicale.

De toutes les sources d'Ems, la plus renommée sans contredit est la Bubenquelle, ou source des garçons. La Bubenquelle a fait ses preuves et les femmes stériles en ont rarement usé sans atteindre leur but. Elle a même opéré des miracles. Des femmes de quarante à cinquante ans, qui n'avaient jamais eu d'enfants, et qui étaient venues à Ems pour des maladies de tout autre genre, sont devenues grosses à leur insu, contre leur attente et leur désir [1]. On cite à ce sujet une chanson allemande assez gaillarde :

« Sie zog hin auf des Mannes Rath;
Wusst' nicht, wies ging; gut war die stund';
Schwanger wird das Weib, die Magd und der Hund ! »

1. *De l'usage des eaux minérales et en particulier de celles d'Ems*, par J.-A. Vogler, docteur-médecin, conseiller supérieur de médecine à Ems.

dont voici la traduction libre, mais fidèle :

Madame Honesta vint, sans son mari,
    A la Fontaine,
Et soudain son mal se trouva guéri,
    Preuve certaine,
C'est qu'elle était grosse en partant d'ici,
Elle, sa servante, et sa chienne aussi.

Mme d'O..., jeune créole d'une grande beauté, et qui avait employé tous les moyens imaginables pour triompher d'une stérilité réputée incurable, vint prendre les eaux d'Ems. Elle suivit religieusement la cure, à partir du mois de mai, et, vers le mois de septembre, elle mit au monde une charmante petite fille. Voyez l'effet du remède!

La cure de la Bubenquelle se fait de la manière suivante : Dans une chambre élégamment ornée s'élève, du fond d'un bassin de marbre, un mince jet d'eau formant une douche ascendante naturelle, à la hauteur d'un mètre environ ; au-dessus du jet est un trépied de bois percé à son centre d'une large ouverture. La malade s'asseoit sur le trépied à la manière des sibylles antiques... Ne m'en demandez pas davantage.

La banque d'Ems est plus favorable que les autres à l'observation. Elle n'a pas l'entraînement des jeux de Hombourg. On y joue posément, froidement, raisonnablement. On n'en perd pas moins, car, aux jeux de hasard, dit le proverbe, il faut jouer toujours au hasard. Le calcul mène droit à l'abîme, et lorsqu'on veut se ruiner à coup sûr, il y a un moyen bien simple, c'est d'avoir ce qu'on appelle une *marche* ou une *martingale*.

Il y a autant de types de joueurs que de variétés de papillons. J'ai pu en saisir au vol quelques-uns à Ems et les piquer dans ma collection.

On reconnaît volontiers deux genres dans l'espèce humaine : le masculin et le féminin ; il n'y a qu'un sexe dans la grande famille des joueurs. Au jeu, il n'y a plus ni hommes ni femmes! tous sont égaux devant la banque. L'étiquette est bannie de céans, et les croupiers seuls pratiquent envers les dames la vieille galanterie française. Ils leur offrent les siéges vacants, et, quand elles gagnent, ils les paient les premières, en accompagnant leur petit tas d'or d'un aimable sourire. Mais les vrais joueurs n'ont pas de ces prévenances. Ils n'offrent pas leur chaise, s'ils sont assis; s'ils sont debout, ils allongent brusquement le bras sur le tapis vert, au risque d'accrocher les dentelles et de déranger les coiffures. Aussi les belles dames ont-elles une toilette de jeu comme elles ont une toilette de voyage : chapeau rond, robes montantes, manches serrées.

J'ai vu pourtant, à Ems, une joueuse assise et inamovible, dont la robe, décolletée en goussets, s'ouvrait comme une sébile, afin de recevoir les pièces d'or qui risquaient de s'égarer. Quand tombait la pluie d'or, Danaé se rejetait en arrière, et, regardant autour d'elle, semblait dire comme Léonidas : « Viens les prendre! »

Le joueur platonique ne ressemble pas aux amoureux transis, au contraire : il se passionne plus que les autres. L'imagination est plus riche et surtout plus inépuisable que le cœur. Ce sont ordinairement des joueurs émérites et décavés qui deviennent platoniques, à l'opposé des amants blasés. Ils caressent des yeux l'or que leur main ne peut plus toucher. C'est le vieux Midas réduit au supplice de Tantale. *Manus habent*, dit l'Ecriture, *et non palpabunt*. Il est vrai qu'il leur reste des yeux pour pleurer et des oreilles pour entendre annoncer le gain ou la perte.

Un autre joue à la muette, dans son for intérieur, et il pointe les coups sur les tarots bicolores. Quand il gagne, il est malheureux, car il suppute dans sa pensée tout ce qu'il perd à ne pas jouer; quand il perd, il se console en songeant à tout ce qu'il aurait perdu en jouant pour de bon. Il a ainsi gratis toutes les émotions de la perte et du gain.

Une dernière variété de joueur platonique a été observée par mon spirituel confrère Paul d'Ivoi. Celui-là prend les coups au sérieux et joue contre lui-même. Lorsqu'il gagne, il triomphe; son visage s'épanouit; il va dîner à la Restauration, s'offre généreusement une bouteille de Joannisberg, achète des coupes de Bohême et des bijoux en agathe. Il paie sa note à l'hôtel et s'envoie de l'argent à Paris, afin de ne pas reperdre son gain. Perd-il, au contraire, il devient sombre, violent, désespéré. Il se refuse le nécessaire, retranche le pourboire du *Kelner* et emprunte de l'argent à ses amis. Il a des idées de suicide, et il poussera peut-être un jour l'excentricité jusqu'à se brûler la cervelle pour une perte imaginaire de 100,000 florins qui ne lui aura pas coûté cinq francs.

N'oublions pas le joueur taciturne, qui ne dit rien, mais qui n'en souffre pas moins. Tallemant des Réaux, notre maître à tous en matière de chronique, avait découvert ce type original aux tables de jeu de l'Œil-de-Bœuf.

— Voyez, disait la marquise de R..., je pers beaucoup et ne dis mot.

— Parbleu, je le crois bien! les grandes douleurs sont muettes.

Un jour, un pasteur anglican arrivait à Ems. Il était accompagné de sa femme et de l'aîné de ses onze enfants. Poussé par le zèle évangélique, il venait prêcher une sainte croisade contre les jeux de hasard. Il se logea à l'hôtel des Quatre-Saisons, juste en face des salons de jeu. Chaque jour, dès que le vigilant fermier avait *posé* la banque, le révérend se tenait comme un terme, derrière le tailleur, étudiant la physionomie des joueurs et les symptômes de cette maladie morale qu'il s'était donné mission de combattre.

Les sujets d'étude ne manquaient pas au pieux observateur; aucune passion n'est plus capricieuse que le jeu, et les types de joueurs sont innombrables. Il les passa tous en revue, depuis le novice qui risque en tremblant un florin sur le numéro correspondant à l'âge de celle qu'il aime jusqu'au joueur endurci qui tient sa comptabilité en partie double et vit dans l'impénitence finale. « Que ces gens sont malheureux! s'écriait-il en poussant un soupir, et comme je les plains d'être ainsi les esclaves du démon! »

Sermon faisant, le prédicateur se dit un beau matin que, pour mieux combattre l'ennemi du salut, il fallait mieux le connaître, et que, pour étudier à fond la passion du jeu, il était utile de l'éprouver par soi-même. Comme expérience, il jeta sur le tapis vert, à tout hasard, la première pièce venue : il gagna! Le diable a toujours été friand de joueurs novices, et les innocents s'en retournent toujours les mains pleines. L'homme de Dieu gagna une fois, deux fois, dix fois, et puis encore, et puis toujours.

Il avait beau braver la chance et lasser la veine : le gain s'obstinait à le poursuivre. Son argent se changeait en or et sa masse dépassait déjà le revenu de son rectorat. « Dieu soit béni, se dit-il, voilà une bonne aubaine pour les pauvres. » Et, tout honteux, il emporta son petit trésor.

Le sermon futur s'enrichit d'un nouveau chapitre très-éloquent sur les émotions du gain.

« Il faut maintenant, ajouta le pasteur, que je connaisse les angoisses de la perte. » Dans cette pieuse intention, il retourna, le soir même, au tapis vert. La déveine fut longue à venir, mais on ne fait jamais en vain appel au malheur. La chance tourna, et, en moins d'un quart d'heure, le tas d'or fondit comme neige. Bref, le révérend joueur perdit l'argent des pauvres... et le sien.

Le lendemain, il essaya de rattraper au moins l'argent des pauvres; le surlendemain il entamait leur petit capital; deux jours après, il n'avait plus que des kreutzers pour faire l'aumône.

« Au moins, se disait-il, ma femme et mon fils ont de quoi achever leur cure, » et léger d'argent, mais plein d'expérience, il se remit à son sermon. Tout en parcourant les œuvres de Mélanchton, il trouva, entre deux feuillets, un billet de vingt-cinq thalers. » Allons, dit-il en s'interrompant, et voyons si la Providence est plus forte que le hasard. » Il retourna au jeu : hélas! le papier fut bien vite fondu, comme une cuiller d'étain dans le creuset.

Comme il s'en retournait à l'hôtel, absorbé dans ses méditations, le pasteur décavé, en passant devant la roulette, entendit une voix connue pousser cette vaillante exclamation : « *Tout va à la masse.* » Il se retourne : c'était son fils aîné qui jouait le *maximum*. En face, la mère de famille, la femme forte de l'Ecriture, pointait les coups sur ces petits cartons que l'administration dans sa munificence fournit aux joueurs habitués.

« Malédiction! » s'écria le saint homme, et il retomba sur une chaise, à moitié évanoui. Quand il revint à lui, il emprunta à son fils vingt doubles frédérics pour tâter la veine une dernière fois...

J'ai revu depuis cette sainte famille, attablée devant la roulette et jouant un jeu d'enfer. Le père marquait les coups; le fils tenait le râteau, et la mère pointait, pointait toujours!

La banque d'Ems n'a pas éprouvé, ces dernières années, les soubresauts qui ont agité les autres banques, au point de faire dire à l'un des fermiers: « Nous jouons sur un volcan! » Elle a eu, toutefois, ses petits revers de fortune. Elle n'a guère sauté, mais elle a sautillé.

La saison se prolonge à Ems jusqu'à la fin de septembre. Pendant les vacances judiciaires, on y voit affluer les avocats dont la voix s'est enrouée dans les luttes de l'audience. C'est aussi le moment du passage des touristes des bords du Rhin, hirondelles de l'automne qui annoncent l'approche de l'hiver.

A peine les blanches vapeurs de la Lahn forment-elles un léger nuage au-dessus de la rivière, que bien vite les baigneuses matinales couvrent leurs épaules d'un manteau de fourrure et font leurs préparatifs de départ. Les hommes ont pour prétexte la chasse ou les vendanges. Avant de partir, on confie à la naïade du Kurhaus son verre à boire pour la saison prochaine, et l'on va faire ses emplettes de linge de Saxe ou de cailloux du Rhin dans les boutiques du Kursaal, sous les galeries en treillage de fer, ombragées de clématides et de folle vigne.

Le Kursaal ferme avec l'automne, mais la saison ne finit pas pour les malades. De même qu'il y a à Paris un Vichy d'hiver sur les boulevards, il y a aussi, rue de la Michodière, une véritable Trinkhalle où les buveurs d'eau peuvent continuer leur cure, sous les auspices de la société hydrologique allemande.

LES EAUX DE BELGIQUE.

SPA.

L'Amérique belge. — Spa aux Etats-Unis. — Spa en Belgique. — Un évêque fermier des jeux. — La *Redoute*. — Les courses de Spa. — Bidets des Ardennes.

Les buveurs d'eau. — Une famille vouée au blanc. — La source du Pouhon. — Monument de Pierre le Grand. — Le futur *Kursaal*. — Le tour des Fontaines. — Le *Barisart*. — Grandeur et décadence de la *Géronstère*. — Vertu de la *Sauvenière;* de quoi l'on y guérit. — Témoignages de reconnaissance. — Le *Groesbeck*. — Les *Tonnelets*. — Une ferme modèle. — Annette et Lubin. — Les gaietés champêtres.

Spa au seizième siècle. — La reine Margot. — Les Bobelins. — Le Panthéon des baigneurs illustres.

En ouvrant un jour un keapsake des Etats-Unis, je crus reconnaître, dans les gravures en taille-douce de cet inoffensif ouvrage, des sujets européens. — C'est singulier, me disais-je, mais j'ai vu quelque part ces monuments, ces paysages, ces cascades ; ce n'est pourtant pas en Amérique, où je n'ai jamais été.

C'est à Spa que je reconnus la supercherie. J'examinais les épreuves d'un album récemment publié à Bruxelles, et j'y trouvai les originaux de mes gravures. On avait donné des titres américains à des vues de Belgique. Le salon du palais présidentiel de Washington n'était autre que la Redoute de Spa ; la salle Levoz était devenue le Waux-Hall de Baltimore ; quant à la petite cascade de Coo, comme avec la meilleure volonté du monde on n'avait pu la faire passer pour une cataracte, elle avait été rebaptisée sous le nom de petite chute du Niagara.

J'appris alors qu'un éditeur d'un livre illustré sur Spa avait fait faillite, il y a quelque vingt ans. Son matériel de gravures fut vendu aux enchères ; un éditeur de New-York en devint acquéreur, et voilà comment les sites pittoresques du pays des Ardennes ont pu être offerts impunément à l'admiration patriotique des Yankees. On dit que la plume des chroniqueurs est parfois mensongère. Vous voyez que le crayon et le burin n'ont rien à lui envier, et que la littérature illustrée, elle non plus, n'est pas parole d'Evangile.

Spa est agréablement situé dans cette partie pittoresque du pays wallon qu'on pourrait appeler le Bocage de la Belgique. La nature y est toute carlovingienne. C'est un pays montueux et boisé, coupé de petites vallées séparées les unes des autres par les plateaux marécageux de l'Ardenne, qu'on appelle des *fagnes* dans la langue du pays. La ville est blottie dans le vallon étroit du Wayai, à l'abri des vents du nord, à portée des sources minérales qui jaillissent aux environs, et qui, de temps immémorial, font la prospérité du pays. Comme toutes les villes d'eaux, Spa a un aspect souriant et animé, des habitations coquettes, d'agréables promenades; elle possède en outre, comme disent les annonces des grands journaux, « toutes les distractions de ce genre d'établissements. »

L'origine des jeux de Spa remonte à un évêque. C'est Mgr Jean-Théodore de Bavière, évêque de Liége, qui accorda, en 1762, à la société de la Redoute le privilége exclusif « de tenir les assemblées publiques, les jeux, et de donner des bals, des concerts et autres divertissements. »

Une autre société, celle du Waux-Hall, se fonda en 1770, aussi avec approbation et privilége de l'autorité épiscopale. Mais le comte de Velbreck, prince-évêque de Liége, obligea les deux compagnies de *fusionner*, en se réservant toutefois trente pour cent sur les bénéfices.

La salle Levoz a eu la même origine que le Waux-Hall. Elle fut construite, en 1784, par une société qui n'avait d'autre but que de contraindre celle de la Redoute à acheter la nouvelle concurrence. Les deux sociétés se firent une guerre acharnée dans laquelle le sang coula, dit-on, plus d'une fois. Ce fut seulement en 1802 qu'elles signèrent un traité de paix préparé par le préfet du département de l'Ourthe.

Aujourd'hui, la Redoute de Spa, administrée par

M. Davelouis, sous la surveillance immédiate du gouvernement belge, justifie à tous égards le privilége dont elle est l'objet. C'est un lieu de réunion où, à toute heure du jour, les distractions abondent. Le salon de lecture est un des plus littéraires que je connaisse. Les concerts ont lieu deux fois la semaine, et tous les jours la musique d'harmonie se fait entendre: le matin à la fontaine du Pouhon; l'après-midi, sous les ombrages de la promenades de Sept-Heures. Il y a deux bals par semaine; mais, tous les soirs, on danse au piano. Le séjour à Spa d'un grand nombre d'adolescents des deux sexes à qui la danse est recommandée comme exercice, donne à ces réunions un air de famille qu'on chercherait vainement dans d'autres villes d'eaux. Il y a aussi à Spa une salle de spectacle, fort jolie, ma foi; mais j'ai le regret de dire que les troupes qui la desservent sont souvent indignes du public d'élite qui assiste aux représentations. Les salons de la Redoute s'ouvrent dès la première quinzaine de mai et ne se ferment qu'à la fin du mois d'octobre. Il a même été question de prolonger la saison d'automne jusqu'au 1er janvier.

Les courses de Spa figurent avec honneur sur le catalogue du turf européen. Elles ont lieu tous les ans, au mois de juillet, sur l'hippodrome de Sart, et attirent une très-grande affluence. Les sportsmen de la Belgique y déploient leurs grâces et leur légèreté dans des steeple-chases très-accidentés. Il est inutile, en ces occasions, de donner de surcharge aux chevaux, car les types frêles et élancés du jockey, communs en Angleterre et qu'on rencontre encore en France, sont totalement inconnus en Belgique. Le plus léger des gentlemen-readers belges ne pèse pas moins de 70 kilogrammes.

La plus amusante des courses de Spa est celle des bidets des Ardennes, race de chevaux d'une allure très-douce et qui produit d'excellents trotteurs. Le *stud-book* de la tradition locale les fait remonter en droite ligne aux chevaux andalous, qui eux-mêmes descendent de la race arabe.

La science hydrologique reconnaît que les eaux de Spa ne sauraient être classées dans la catégorie des eaux complaisantes. On ne les boit pas indifféremment, et si, par malheur, elles sont *contre-indiquées*, comme disent les médecins (en parlant de leurs confrères), elles peuvent faire beaucoup de mal, comme toutes les eaux sérieuses. Tout le monde n'est pas d'accord sur leurs vertus thérapeutiques. On les emploie principalement dans les cas de faiblesse ou d'atonie générale, dans les affections chlorotiques et dans certaines maladies nerveuses. Aussi la clientèle de Spa se compose en majeure partie d'adolescents, de tous jeunes gens, de jeunes personnes nubiles et de leurs parents.

Il y a très-peu de baigneurs à Spa ; mais, en revanche, beaucoup de buveurs. C'est là qu'on peut le mieux étudier ces types de malades consciencieux, qui, drapés dans une douillette ou dans une robe de chambre, se lèvent dès l'aurore, vont aux sources, le classique

18

verre de cristal à la main, dégustent l'eau minérale en faisant claquer la langue, ou l'avalent avec force grimaces, se promènent à pas comptés attendant l'effet des eaux, causent à tous venants de leur maladie, et recommencent ainsi tous les jours pendant la durée du traitement. A supposer que l'eau ne soit pas un spécifique, on se trouve toujours bien de la promenade, de l'exercice et de s'être levé matin. Aussi les guérisons sont tout aussi nombreuses aux buvettes de Spa qu'aux piscines les plus renommées. Que de pâles jeunes filles, dont le peignoir blanc semblait être le linceul, s'en sont retournées roses et souriantes à la fin de la saison ! On cite à cet égard des miracles plus authentiques que celui de la Salette.

Une baronne allemande, filleule du grand Frédéric, ce qui la fait plus que septuagénaire, raconte volontiers comment, étant venue à Spa, en 1794, condamnée par tous les médecins de Berlin, elle tomba par accident dans la fontaine du Pouhon, et guérit de l'émotion que lui causa cet accident. Sa mère, qui la croyait noyée, fit vœu, si elle réchappait, de la vouer au blanc, ainsi que son jeune frère, qui n'était guère mieux portant. Les deux enfants vécurent longtemps, à telles enseignes que l'un deux se porte encore aujourd'hui à merveille. Mais il faut entendre raconter à la baronne tous les ennuis que lui causa, pendant sa longue existence, le vœu de sa mère, qu'elle a religieusement observé. Il faut la voir, avec sa douillette de cachemire blanc et sa pelisse de blanche hermine, venir chaque année à la source du Pouhon, non plus par régime, Dieu merci! mais par reconnaissance.

Elle refusa obstinément, la pauvre demoiselle, de se marier, quoique riche et jolie, pour n'avoir pas à quitter le vêtement blanc auquel elle était vouée. Jusqu'à trente ans, c'était bien; à quarante, passe encore; mais vint l'âge où la toilette ne comporte plus ces berquinades : on la tourna en ridicule, on la traita de vieille coquette, sans savoir qu'elle vivait, dans le monde, avec l'austérité d'une carmélite recluse. Elle laissa dire les méchantes langues, jusqu'au jour où ses cheveux étant aussi devenus blancs : « Mon costume est complet, dit-elle. Je puis enfin porter le deuil virginal auquel m'a vouée ma mère. » Et elle se drape en effet dans son cachemire blanc comme dans un manteau de chanoinesse.

On lui demandait comment son frère avait pu aussi observer son vœu et rester voué au blanc toute sa vie : « Il s'est fait officier autrichien, dit-elle, et sa veste de hussard n'a changé de couleur que le jour où elle fut rougie de son sang, à la bataille de Wagram. »

Quelle est donc cette source du Pouhon, qui opère de pareils miracles?

Le Pouhon est une fontaine à laquelle on a élevé un temple comme aux Naïades de la Fable. Le temple est d'ordre toscan et a été consacré à Pierre le Grand. Parmi les têtes couronnées (et elles sont nombreuses) qui vinrent prendre les eaux de Spa, Pierre le Grand est celui qui a laissé dans le pays le souvenir le plus profond et le plus durable. il y passa la saison de 1717, et but de l'eau du Pouhon comme il avait l'habitude de boire ; aussi fut-il guéri. Avant de retourner en Russie, il offrit à la ville, comme témoignage de gratitude, une plaque de marbre noir avec une inscription latine en style lapidaire, que je vous cite, en la traduisant, comme un modèle du genre :

PIERRE Ier, par la grâce de Dieu, Empereur de toutes les Russies,
Pieux, heureux, invaincu,
Le restaurateur de la discipline militaire,
Et le créateur de toutes les sciences et des arts dans ses Etats,
Ayant par son propre génie
Etabli une marine formidable ;
Augmenté considérablement ses armées,
Et mis en sûreté, au milieu du feu même de la guerre,
Ses Etats tant héréditaires que conquis;
A entrepris un voyage dans les pays étrangers,
Et, ayant étudié les mœurs des différents peuples de l'Europe,
Il s'est rendu par la France, Namur et Liége, aux eaux de Spa,
Comme au port de salut ;
Où ayant bu avec succès ses eaux salutaires,
Principalement celles de la fontaine de la Géronstère,
Il a recouvré ses forces et une santé parfaite
L'an 1717, le 25e jour de juillet.
Ayant repassé ensuite par la Hollande,
Et de retour dans son Empire,
Il a fait placer ici
Ce monument éternel de sa reconnaissance,
L'an 1718.

Qu'on ait enchâssé cette table de marbre dans le portique de la fontaine, rien de mieux ; mais où le prince d'Orange avait-il choisi son architecte, lorsqu'il fit élever, en 1820, ce lourd monument qui ressemble aux sépultures de famille du Père-Lachaise? L'édifice est si peu en rapport avec sa destination, que le conseil communal lui-même a décidé qu'il y avait lieu d'ouvrir un concours entre les artistes belges pour l'érection d'un nouveau *Kursaal*. Un prix de 1,000 fr. a même été voté pour cet objet. En attendant, le vieux Pouhon se carre au beau milieu de la ville, et vit de cette existence robuste qui n'appartient qu'aux monuments provisoires. Il sera sans doute inauguré, un jour à venir, en même temps que le futur Opéra, à Paris.

La fontaine du Pouhon, qui n'a pas de rancune, coule pure et limpide sous cet indigne portique, attendant un bassin de marbre ou de porphyre, et surtout un local plus accessible aux buveurs, qui ont bien de la peine à approcher de l'orifice du puits d'où les Hébés de l'endroit leur tendent un verre d'eau pétillante.

La promenade favorite des buveurs et des touristes de Spa est celle qu'on appelle le Tour-des-Fontaines. Il serait difficile de la faire à pied, car les sources sont éloignées de plusieurs kilomètres les unes des autres; mais les bidets des Ardennes sont une monture facile pour le cavalier novice, et l'on trouve à Spa d'élégantes américaines qu'on peut conduire soi-même dans les allées de la forêt, sablées comme celles d'un parc. Parcourons cet itinéraire classique en montant par le vieux Spa jusqu'à la source du Barisart.

Le Barisart est situé agréablement au milieu d'un massif de jeunes sapins. Jusqu'en 1848, l'eau de cette source n'avait guère d'autre réputation que celle d'un puissant vermifuge; on lui a découvert depuis de nouvelles propriétés, et aujourd'hui elle est une des plus fréquentées de Spa. On l'a captée dans un cylindre en fonte et abritée par une grotte pittoresque surmontée d'un très-petit pavillon rustique, sous lequel on ne peut se mettre à l'abri ni du soleil, ni de la pluie, ni du vent.

Du Barisart, la route des fontaines monte en zig-zag jusqu'à la Géronstère, la plus connue des fontaines de Spa, après le Pouhon.

La Géronstère a été découverte en 1580; mais on n'a guère commencé à l'utiliser que vers 1612. Le comte de Burysdorf, conseiller d'Etat de l'électeur de Brandebourg, y guérit d'une dangereuse maladie. Par reconnaissance, il fit construire au-dessus de la source une petite voûte de marbre, surmontée d'un dôme soutenu par quatre piliers de marbre rouge. Ce petit monument, que je ne soupçonnais pas d'être si ancien, date pourtant de 1651. Malgré un tremblement de terre qui faillit tarir ses eaux, la Géronstère continue de jaillir dans la roche vive qui forme le bassin de la source. Cette fontaine a joui pendant longtemps d'une immense célébrité. La beauté de son site, au cœur d'une vaste forêt, dominant un magnifique paysage; les agréments du parc contigu, dessiné avec autant d'élégance que les carrefours de Saint-Cloud et du bois de Boulogne; la mode surtout, qui l'avait prise sous son patronage, tout contribuait à en faire le rendez-vous de la haute société de Spa.

Les temps sont bien changés ! La Géronstère n'est plus aujourd'hui qu'une solitude agreste, la petite Thébaïde des environs de Spa. Une naïade en jupon court, modelée d'après Rubens, s'interrompt à peine de sa lessive pour offrir aux rares buveurs un verre d'eau qu'elle puise dans la fontaine à l'aide d'une grande cuiller de bois. Quant au restaurant si célèbre autrefois par ses parties fines, il a subi le sort des Porcherons, ses contemporains : on ne s'y amuse guère que de souvenir.

Le docteur T..., un des médecins Tant-Mieux de Spa, a coutume de dire à ses clients : « Si vous pouvez aller en vous promenant jusqu'à la Géronstère, boire deux ou trois verres d'eau, et revenir par le bois jusqu'à votre hôtel, vous êtes assuré de ne pas être malade. » Je le crois bien ! La Géronstère est à près d'une lieue de Spa, et la route va toujours en montant par une pente très-sensible. Celui qui a d'assez bonnes jambes pour faire ce pèlerinage et pour revenir à pied par le bois n'est pas bien malade, en effet.

Une belle avenue de bouleaux et d'arbres verts conduit en ligne directe de la Géronstère à la Sauvenière et au Groesbeck. Ces deux fontaines sont renfermées dans une petite cour voisine d'une auberge. A défaut de guide, les chevaux sauront très-bien vous y arrêter.

La Sauvenière coule de temps immémorial. Les antiquaires font remonter sa réputation jusqu'à Pline l'ancien. Elle jaillit dans un puits carré, taillé dans la roche vive. Au dix-septième siècle, elle jouissait d'une vogue incroyable. « Il y avait une telle affluence de baigneurs, dit M. Joanne, que souvent, au fort de la saison, ils étaient obligés de faire queue pour pouvoir remplir leur verre. Les prêtres, les religieux et les religieuses étaient en majorité; aussi on l'avait appelée la fontaine ecclésiastique. En 1720, on disait encore la messe tous les jours dans une petite chapelle appelée Salamanque.

Quelle était donc la vertu des eaux de la Sauvenière? Elles passaient, — elles passent encore, — pour guérir de la stérilité. Sur la margelle de pierre qui entoure le puits se trouve une dépression ovale. C'est le pied de saint Remacle. D'après la tradition, il suffit à une jeune femme, pour cesser d'être stérile, de boire pendant neuf jours consécutifs de l'eau de la Sauvenière, en observant bien de poser son pied sur l'empreinte de celui de saint Remacle. Que de pieds mignons ont dû faire ce pieux pèlerinage, depuis les souliers à la poulaine du moyen âge jusqu'à certaines bottines contemporaines! Malgré l'incrédulité du siècle, on cite encore à Spa des exemples de guérisons inespérées.

La Sauvenière est protégée par un dôme; la source du Groesbeck, qui se trouve à côté, est enfermée dans une armoire. Elle doit son nom à un baron de Groesbeck, qui y guérit, en 1651, d'une grave maladie des reins, et qui, en souvenir de ce bienfait, fit encadrer la source dans une niche en marbre de diverses couleurs, ornée de pilastres, d'un entablement, d'un fronton et d'une inscription latine. Comme tous les allants et venants inscrivaient leurs noms à la pointe du couteau sur cette fondation de famille, on a cru devoir protéger le monument par deux panneaux en bois qui enferment la source.

On revient ordinairement à Spa par les Tonnelets : ce sont deux sources ferrugineuses et gazeuses qui semblent sortir d'un tonneau sans fond, comme celui des Danaïdes. Le gaz acide carbonique est si abondant dans le terrain qui avoisine ces sources minérales, que, dans certains états de l'atmosphère, et notamment lorsque le vent change au nord, les caves du village voisin en sont remplies au point que les chandelles s'y éteignent et que les animaux domestiques y sont asphyxiés, comme dans la célèbre grotte du Chien, à Naples.

Il a été un moment question de fonder un établissement de bains aux Tonnelets, qui ont quelques-unes des propriétés d'Aix-la-Chapelle. L'eau minérale suffisait non-seulement à remplir les baignoires, mais encore à alimenter un vaste bassin pour les bains froids, dans un jardin entre la source et l'établissement. Mais ces thermes étaient trop éloignés de la ville : ils ont été abandonnés. Le bassin est à demi comblé par la vase, et sur l'emplacement de la maison des bains, on a récemment construit une assez belle villa.

La propriété de M. de R..., riche manufacturier de Verviers, est située à peu de distance des Tonnelets. Non loin de là, s'élève une ferme modèle qui, je crois, est une dépendance du château. C'est la ferme avec ses pavillons carrés, ses tourelles en briques et ses vastes proportions, qui a l'air d'un château, tandis que le château, avec ses proportions mesquines et sa vulgaire architecture, a l'air d'une ferme.

C'est aussi près des Tonnelets que naquirent Annette et Lubin, dont l'histoire a fourni à Marmontel le sujet d'un de ses contes moraux.

Enfin, ce sont les environs de Spa qui ont inspiré à M. Jules Janin son livre intitulé *Les Gaietés champêtres*.

J'ai aperçu dans un des salons de la Redoute un tableau représentant le vieux Spa, en 1620. Si je ne craignais de froisser l'amour-propre des naïades contemporaines, je dirais que le dix-septième siècle était l'âge d'or, l'époque la plus florissante des eaux de Spa.

Les plus grands personnages de l'Europe y venaient alors rétablir leur santé; les écrivains les plus distingués célébraient à l'envi la vertu de ces belles fontaines, qui servirent de miroir à Marguerite de Valois, cette aimable reine Margot que le roman a dérobée à l'histoire. Elle s'était fait accompagner dans le voyage de ses dames et demoiselles d'honneur, qui lui faisaient une petite cour. « J'allois, dit-elle, dans une litière faite à pilliers doublez de velours incarnadin d'Espagne, en broderie d'or et de soye muée à devise. Cette litière estoit toute vitrée et les vitres toutes faites à devise, y ayant, ou à la doublure ou aux vitres, quarante devises différentes avec les mots en espagnol et en italien, sur le soleil et ses effets; laquelle estoit suivie de la litière de Mme de la Roche-sur-Yon et de celle de Mme de Tournon, ma dame d'honneur, et de dix filles à cheval avec leur gouvernante, et de six carrosses ou chariots où alloit le reste des dames et femmes d'elle et de moy. »

Ce qu'il y a de plus plaisant, c'est que la reine Margot, qui ne faisait rien comme les autres, prit les eaux de Spa à Liége, dans le palais de l'évêque, qui lui fit une magnifique réception. On lui apportait les eaux pendant la nuit, et les médecins l'assuraient qu'elles auraient autant de force et de vertu pourvu qu'elles fussent transportées avant le lever du soleil. L'évêque et ses chanoines venaient la prendre tous les matins dans sa chambre et l'accompagnaient au jardin, où elle buvait son eau. « Partant de là, ajoute-t-elle, nous passions la journée ensemble, allans disner à quelque festin, ou, après le bal, nous allions à vespres, en quelque religion, et l'après-souper se passait de mesme, au bal ou dessus l'eau avec la musique. »

Au siècle dernier, les baigneurs étrangers étaient désignés à Spa sous le nom de *Bobelins*. Ils étaient soumis à un règlement moitié plaisant, moitié sérieux. A son arrivée, le Bobelin recevait la visite de deux pères capucins qui lui souhaitaient la bienvenue et lui soutiraient une aumône pour le couvent. Il était interdit aux Bobelins de porter l'épée, « pour prévenir les accidents qui pourraient survenir dans un lieu où la galanterie et la joie se portent à l'excès. »

Le docteur Limbourg, auteur d'un livre intitulé *Les Nouveaux Amusements de Spa*, nous a conservé les statuts de l'ordre boblinique et une charte en vingt articles dont voici le préambule :

« Jovial Bois-Bien, par la grâce des Bobelins, roi de Géronstère, duc de Pouhon, comte des Fontaines, seigneur de Belle-Humeur, etc. »

« Art. 1er. — Que personne ne présume d'entrer dans nos terres avec des marchandises que nous et notre conseil déclarons de contrebande, savoir : tristesse, chagrin, mélancolie, souci, inquiétude, tension d'esprit, affaires domestiques, mine sérieuse, air hautain, discours critiques, etc., à peine d'être traité comme contraventeur à nos ordonnances, d'être privé de nos grâces et d'être exclu des assemblées les plus joyeuses. »

L'article cinq stipule que toutes femmes et filles chevauchant dans la juridiction du roi des Bobelins, pourront embrasser leurs cavaliers sans que personne s'en puisse scandaliser, etc., etc.

Voilà comme on prenait les eaux de Spa en cet heureux temps de chevalerie et de prouesses galantes. La saison durait six semaines, comme aujourd'hui.

Je pourrais, à l'aide des archives de Spa, rappeler tous les personnages qui, depuis le seizième siècle, sont venus chercher la santé ou promener leur ennui dans cette délicieuse retraite; j'aime mieux les retrouver tous ensemble, sans ordre de date, dans le tableau que M. J. Carpey, artiste de Liége, a peint dernièrement dans le grand salon de la Redoute.

C'est une grande composition historique dans le genre de celle que M. Geoffroy, de la Comédie-Française, a exposée à l'un des derniers salons, sous le titre de : Personnages de Molière. Tous les baigneurs illustres de Spa, rois, reines, cardinaux, écrivains, etc., ont le costume ou la physionomie de leur emploi. Tous sont groupés, avec une élégante promiscuité, au bas d'un perron ou sur la terrasse qui domine les jardins où la reine Margot semble donner une fête aux hôtes présents, passés et futurs des eaux de Spa.

Trois reines sont sur le premier plan : Marguerite de Valois, Christine de Suède et Marie-Thérèse d'Autriche, femme de Louis XIV. Derrière elles se tiennent Charles II, roi d'Angleterre, le prince d'Orange, le grand-duc de Toscane, l'abbé Raynal et lord Wellington.

Le groupe en face est celui des savants : Juste Lipse y figure en compagnie du Vénitien Augustino, médecin de Henri VIII, et de quelques illustres personnages du seizième siècle ; Alexandre Farnèse, duc de Parme ; le duc de Gonzague, le duc de Nevers et Jean Maldonat, le savant jésuite. Spontini, l'auteur de la *Vestale,* se tient modestement au second plan.

Sur l'escalier, le peintre a groupé les princes-évêques de Liége et d'Augsbourg, l'archiduchesse d'Autriche et l'empereur Joseph II, les archiducs Jean et Louis, le prince Henri de Prusse, etc.

La galerie supérieure est consacrée aux souverains modernes. Quatre empereurs de Russie y figurent : Pierre le Grand, Paul Ier, Alexandre et Nicolas ; puis viennent le roi de Prusse, le prince Guillaume d'Orange, le grand-duc Michel, le roi et la reine des Belges, le duc de Brabant, le comte de Flandre, *e tutti quanti*. Bref, c'est un vrai congrès de souverains, de princes et d'illustres personnages passés et présents. Trouvez-moi beaucoup d'eaux qui aient à se prévaloir d'une semblable clientèle.

Spa n'en est pas pour cela plus fière; elle a même une allure modeste qui contraste avec ses brillantes origines, comme avec le luxe éblouissant de quelques thermes contemporains. Ainsi que les maisons d'antique noblesse, elle ne fait pas étalage de son opulence, et ses brillants sont plus souvent dans son écrin que sur ses épaules. La Redoute a cependant donné, en 1857, de magnifiques fêtes en l'honneur du duc et de la duchesse de Brabant, qui sont venus visiter, au mois de septembre, ce petit coin pittoresque de la Belgique.

La saison d'automne, aux eaux de Spa, n'est pas la moins brillante. C'est seulement le 31 octobre que la baguette administrative, aussi puissante que celle des fées, fait rentrer dans l'ombre et le silence, jusqu'au printemps de l'année suivante, ces splendides palais d'été fermés pendant l'hiver, comme le château de la Belle au Bois dormant.

BIBLIOTHÈQUE IMPÉRIALE

FIN.

TABLE DES MATIÈRES.

BIBLIOTHÈQUE IMPÉRIALE

FIN DE LA TABLE

Rouen. — Imp. H. RIVOIRE et Cᵉ, rue Saint-Étienne-des-Tonneliers, 1.

COLLECTION DE LA LIBRAIRIE NOUVELLE

A **2 fr.** LE VOLUME — FORMAT GRAND IN-18 ANGLAIS

VOL.

Alexandre Dumas

Les Compagnons de Jéhu........ 2
L'Art et les Artistes contemporains au Salon de 1859.............. 1
Monsieur Coumbes............ 1
De Paris à Astrakan (1re série).. 1
— — (2e série).. 1
— (3e série). 1

Auguste Maquet

Dettes de Cœur............... 1
Le comte de Lavernie.......... 3

Rufini (Lorenzo Benoni)

Mémoires d'un Conspirateur italien. 1

Edouard Gourdon

Louise (5e édition)............ 1

Eugène de Mirecourt

Confessions de Marion Delorme. 3

Augustin Challamel

Histoire anecdotique de la Fronde . 1

Louis Lurine

Voyage dans le passé........ 1

Jules Lecomte

Voyages çà et là.............. 1

Comtesse de Chabrillan

Est-il fou ?.................... 1

Louis Jourdan

Les Peintres français........... 1

L'abbé Théobald Mitraud

De la Nature des Sociétés humaines. 1

Eugène Chapus

Les Haltes de chasse (2e édit.). . 1

Yvan et Callery

L'Insurrection en Chine, avec portrait et carte.................. 1

Henri de Pène

Six mois en Allemagne.—Nauheim. 1

Madame Louise Colet

Ce qu'on rêve en aimant, poésies nouvelles.................. 1

Fanny Loviot.

Les Pirates chinois (3e édit.).... 1

Henri Nicolle

Courses dans les Pyrénées...... 1

Antoine Gandon

Les Trente-deux Duels de Jean Gigon (6e édition)............ 1

VOL.

Jules Noriac.

La Bêtise humaine (5e édit.)..... 1

A. Jaime fils

Les Talons noirs (2e édit.). 1

E. Brisebarre et E. Nus

Les Drames de la vie (1re série).... 1
— (2e série).... 1

Méry

Le Paradis terrestre............ 1

H. de Barthélemy

La Noblesse en France......... 1

Laurence Oliphant

Voyage pittoresque d'un Anglais en Russie et sur le littoral de la mer Noire et de la mer d'Azof.... 1

Maxime du Camp

Le Nil (Égypte et Nubie), avec carte. 1
Salon de 1859... 1

Albert Blanquet

Le roi d'Italie. roman historique. 1

Frédéric Béchard

Les Existences déclassées (2e édit.) 1

Édouard Delessert

Six Semaines dans l'île de Sardaigne, avec deux dessins....... 1

Roger de Beauvoir

Colombes et Couleuvres, poésies nouvelles.................. 1

***

Doctrine Saint-Simonienne 1

***

Memoires de Bilboquet 3

Parmentier

Description topographique de la guerre turco-russe........... 1

Edmond Texier

La Grèce et ses insurrections, avec carte...................... 1

Charles Deslys

Sur la Côte normande.......... 1

Baron d'Audelange

L'Ermite de Matapan..... 1

Charles Brainne

Baigneuses et Buveurs d'eau..... 1

www.ingramcontent.com/pod-product-compliance
Ingram Content Group UK Ltd.
Pitfield, Milton Keynes, MK11 3LW, UK
UKHW020106200726
13856UKWH00002B/403